Anna Elisabeth Röcker

Heilen mit Bachblüten

Kompakt-Ratgeber

- Alle Bachblüten von A bis Z
- Auswahl, Dosierung und Wirkung
- Blütengruppen und Krankheitsbilder

Haben Sie Fragen an Anna Elisabeth Röcker?
Anregungen zum Buch?
Erfahrungen, die Sie mit anderen teilen möchten?

Nutzen Sie unser Internetforum:
www.mankau-verlag.de

mankau

Impressum

Bibliografische Information der Deutschen Nationalbibliothek
Die Deutsche Nationalbibliothek verzeichnet diese Publikation in der
Deutschen Nationalbibliografie; detaillierte bibliografische Daten sind
im Internet über http://dnb.d-nb.de abrufbar.

Anna Elisabeth Röcker
Heilen mit Bachblüten
Kompakt-Ratgeber
ISBN 978-3-86374-161-7
1. Auflage März 2014

Mankau Verlag GmbH
Postfach 13 22, D-82413 Murnau a. Staffelsee
Im Netz: www.mankau-verlag.de
Internetforum: www.mankau-verlag.de/forum

Redaktion: Julia Feldbaum, Augsburg
Endkorrektorat: Susanne Langer M. A., Traunstein
Gestaltung Umschlag: Sebastian Herzig, Mankau Verlag GmbH
Energ. Beratung: Gerhard Albustin, Raum & Form, Winhöring
Layout: X-Design, München
Satz und Gestaltung: Lydia Kühn, Aix-en-Provence, Frankreich

Abbildungen/Fotos: Nazzu – fotolia.com (6/7); itsmejust – fotolia.com (25);
oza – fotolia.com (31); womue – fotolia.com (32/33); Johanna Mühlbauer –
fotolia.com (37); Yuriy Kulik – fotolia.com (44); stokkete – fotolia.com (54/55);
Schlierner – fotolia.com (56); lamax – fotolia.com (69)

Druck: Westermann Druck Zwickau GmbH, Zwickau/Sachsen

»Ich bin ein Öko-Buch!«
Das im Innenteil eingesetzte EnviroTop-Recyclingpapier wird ohne zusätzliche
Bleiche, ohne optische Aufheller und ohne Strichauftrag produziert. Es besteht zu 100 % aus recyceltem Altpapier und entstammt einer CO_2-neutralen
Produktion. Das Papier trägt das Umweltzeichen »Der blaue Engel«.

Hinweis für die Leser:
Die Autorin hat bei der Erstellung dieses Buches Informationen und Ratschläge
mit Sorgfalt recherchiert und geprüft, dennoch erfolgen alle Angaben ohne
Gewähr. Verlag und Autorin können keinerlei Haftung für etwaige Schäden oder
Nachteile übernehmen, die sich aus der praktischen Umsetzung der in diesem
Buch vorgestellten Anwendungen ergeben. Bitte respektieren Sie die Grenzen
der Selbstbehandlung und suchen Sie bei Erkrankungen einen erfahrenen
Arzt oder Heilpraktiker auf.

Vorwort

Bachblüten sind Helfer aus der Natur mit der Kraft, die Berge versetzen kann.

Tatsächlich sind die 38 Blüten, die nach ihrem Entdecker Dr. Edward Bach benannt sind, natürliche Kraftpakete, die mit ihrer Energie auf die Seele des Menschen regulierend wirken.

Ist der Mensch seelisch weitgehend im Gleichgewicht, hat der Körper die besten Chancen, gesund zu bleiben oder wieder zu werden, wenn sich Krankheiten bereits ihren Weg gebahnt haben.

Nutzen Sie die Macht dieser alternativen Heilmethode für Ihr Wohlbefinden – der Weg ist einfach, die Ergebnisse beeindruckend!

Inhalt

Vorwort 3

Bachblüten – Kraftpakete aus der Natur 7

Einführung 8
Die Bedeutung der Eigenverantwortung 8
Körper und Seele als Einheit 9

Leben und Wirken von Edward Bach 11
Krankheit und Psyche – ein neues Verständnis 12

Die Wirkungsweise der Bachblüten 13
Die Blüte – das Zentrum der Pflanzenenergie 13
Die harmonisierende Wirkung der Blüten 14
So finden Sie die richtige Blüte 15
Dosierung, Aufbewahrung, Haltbarkeit 18

Die persönliche Hausapotheke 20
Spezielle Blüten für jeden Typ 20
Notfallsalbe 21
Helfer in allen Lebenslagen 21
Behandlung von Haustieren und Pflanzen 30

Die sieben Blütengruppen 33

Sieben Blütengruppen – sieben Krankheitsbilder 34
Die sieben negativen Gemütszustände 34
Für jene, die Angst haben 35
Für jene, die an Unsicherheit leiden 36
Für jene, die nicht genügend Interesse an
der Gegenwart haben 38
Für jene, die einsam sind 39
Für jene, die überempfindlich gegenüber
fremden Einflüssen sind 40

Für jene, die mutlos und verzweifelt sind 41
Für die, die besorgt um das Wohl anderer sind 43

Krankheit – Weisung der Seele 45
Die Reaktion auf Ihre Beschwerden 45
Wo liegen die Ursachen? 47

Heilen mit Bachblüten   55

Alle Bachblüten auf einen Blick 56

Agrimony – Nr. 1	57	Mimulus – Nr. 20	76
Aspen – Nr. 2	58	Mustard – Nr. 21	77
Beech – Nr. 3	59	Oak – Nr. 22	78
Centaury – Nr. 4	60	Olive – Nr. 23	79
Cerato – Nr. 5	61	Pine – Nr. 24	80
Cherry Plum – Nr. 6	62	Red Chestnut – Nr. 25	81
Chestnut Bud – Nr. 7	63	Rock Rose – Nr. 26	82
Chicory – Nr. 8	64	Rock Water – Nr. 27	83
Clematis – Nr. 9	65	Scleranthus – Nr. 28	84
Crab Apple – Nr. 10	66	Star of Bethlehem – Nr. 29	85
Elm – Nr. 11	67	Sweet Chestnut – Nr. 30	86
Gentian – Nr. 12	68	Vervain – Nr. 31	87
Gorse – Nr. 13	69	Vine – Nr. 32	88
Heather – Nr. 14	70	Walnut – Nr. 33	89
Holly – Nr. 15	71	Water Violet – Nr. 34	90
Honeysuckle – Nr. 16	72	White Chestnut – Nr. 35	91
Hornbeam – Nr. 17	73	Wild Oat – Nr. 36	92
Impatiens – Nr. 18	74	Wild Rose – Nr. 37	93
Larch – Nr. 19	75	Willow – Nr. 38	94

Register und Literaturempfehlung 95

Bachblüten – Kraftpakete aus der Natur

In diesem Kapitel erfahren Sie, wer Edward Bach war, wie er die Bedeutsamkeit der Blüten entdeckt hat, wie die Bachblüten wirken und wie man sie heilbringend einsetzen kann.

Einführung

»Heile Dich selbst«, so der Titel eines Büchleins, das Dr. Edward Bach 1931 herausgegeben und »allen leidenden Menschen« gewidmet hat. Er zeigt darin auf, worin er die wahren Ursachen von Krankheit und Leid sieht: in unseren negativen und belastenden Gedanken und Gefühlen.
Krank wird der Mensch – so die Überzeugung Bachs – wenn er sich von sich selbst entfernt und gegen sein eigenes inneres Gesetz lebt. Die von ihm entdeckten Blütenessenzen sollen den Menschen wieder auf den Weg zurück zu seinem inneren Zentrum führen und ihn so seinen ureigensten Platz in dieser Welt finden lassen.

Die Bedeutung der Eigenverantwortung

Heute ist Bachs Lehre aktueller denn je. Trotz des großen Fortschritts, den unsere moderne Medizin in den letzten Jahren gemacht hat, stehen wir einer Vielzahl von chronischen Krankheiten immer noch hilflos gegenüber. Wir sind aufgefordert, mehr Verantwortung für uns, für unsere Gesundheit und unser Leben zu übernehmen, und uns nicht einfach nur auf Hilfe von außen zu verlassen. Dazu gehört auch, dass wir uns damit beschäftigen, was wir brauchen, um gesund zu bleiben bzw. wie wir verhindern können, dass aus kleineren seelischen oder körperlichen Problemen Krankheit entsteht und unser ganzes Leben aus den Fugen gerät.

Körper und Seele als Einheit

Der Entstehung von körperlichen Krankheiten gehen in den meisten Fällen emotionale Belastungen voraus. Die Erkenntnisse aus der psychosomatischen Medizin oder aus der Psychoneuroimmunologie zeigen uns, dass psychische Belastungen sich irgendwann körperlich ausdrücken, wenn sie nicht beachtet werden.

Die Bachblüten haben gerade in diesem frühen Stadium eine rasch spürbare Wirkung. Achten Sie also auf Ihre Gemütsverfassung, wenn ein körperliches Symptom auftritt, und suchen Sie danach eine entsprechende Blüte aus.

Üben Sie, öfter eine kleine Pause einzulegen und nachzuspüren, wie Sie sich gerade fühlen.

Nicht immer können wir Krankheiten vermeiden, denn wir sind sehr vielen Einflüssen ausgesetzt, die nicht immer zu beeinflussen sind. Greifen Sie also auch dann zu den Blütenessenzen, wenn Sie bereits unter einer Krankheit leiden oder wenn Sie sich in einer medizinischen Behandlung befinden. Die Bachblüten haben sich gerade in der Begleittherapie bei chronischen oder akuten schweren Erkrankungen bewährt (z. B. unterstützend bei Chemotherapie). Die Bachblüten bewähren sich in diesen Zeiten als Seelentröster, sie stärken Hoffnung, Mut und Widerstandskraft. Die 38 Blütenessenzen sollen dem Menschen helfen, aus den belastenden emotionalen Situationen herauszukommen und neue Lebensfreude und Kraft zu entwickeln.

Eine besonders wichtige Rolle spielen die Bachblüten bei Schockzuständen. Das gilt z. B. für den Erhalt einer schlechten Nachricht (z. B. einer Krankheitsdiagnose), für Unfälle, Blackout bei Prüfungssituationen usw. Aus der Traumatherapie wissen wir, dass schon kleinere Schockerfahrungen den Menschen in eine Art Lähmungszustand versetzen können. Die Lebenskraft wird bis auf die Zellebene blockiert, man spricht sogar vom »Einfrieren« der Lebensenergie. Die Abwehrbereitschaft sinkt, es kommt zu emotionalen Verstimmungen, die oft lange anhalten und schwer in den Griff zu bekommen sind. Gerade diesen Kreislauf durchbrechen z. B. die Notfalltropfen aus der Bachblüten-Therapie. Sie bringen blockierte Emotionen in Fluss und schaffen damit die Voraussetzung, dass wieder ein klarer Gedanke gefasst werden kann.

IM ZWEIFELSFALL ZUM ARZT!

INFO

Mit dem Einsatz der Bachblüten wird die Hilfe von Ärzten, Heilpraktikern und Therapeuten nicht überflüssig. Hat sich eine Erkrankung erst einmal auf der körperlichen Ebene manifestiert und sich dort mit einer gewissen Hartnäckigkeit festgesetzt, reicht es oft nicht mehr aus, die seelischen Ursachen anzugehen, aber auch dann können Sie die Bachblüten unterstützend zu anderen Therapien einsetzen.

Leben und Wirken von Edward Bach

Edward Bach wurde am 24. September 1886 als ältestes von drei Kindern in der Nähe von Birmingham geboren. Nach mehreren Umwegen konnte er sich seinen Kindheitstraum erfüllen und er wurde Arzt.
Seine Forschungen erstreckten sich vor allem auf die Bakteriologie. Er entdeckte eine Reihe von Darmbakterien, die für das Entstehen von chronischen Krankheiten verantwortlich waren.
Besonders aber befasste er sich mit der Immunologie – und zwar speziell mit der Wechselwirkung zwischen psychischen Befindlichkeiten und körperlichen Erkrankungen. Nach der Überwindung einer schweren Krankheit kam er schließlich, auch als Folge seiner großen Naturverbundenheit, in Kontakt mit der Homöopathie.
Anfang 1930 verließ Bach London, um in Wales, dem Land seiner Vorfahren, nach neuen pflanzlichen Heilmitteln zu suchen.
Dies war die eigentliche Geburtsstunde der Bachblüten-Therapie. Nach und nach entdeckte er die uns heute als Bachblüten bekannten 38 Heilpflanzen. Seine letzten Lebensjahre verbrachte er in einem kleinen Ort nahe Oxford, wo auch heute noch die Blüten geerntet und als Vorratsflaschen, den sogenannten Stockbottles, in die ganze Welt versendet werden. 1936 starb Edward Bach.

Krankheit und Psyche – ein neues Verständnis

Durch seine umfassenden Forschungen war Edward Bach zu dem Schluss gekommen, dass eine der Hauptursachen für Krankheit in unseren negativen Gedanken und Stimmungen liegt.

Heute kann dieser Zusammenhang zwischen Gedanken, Gefühlen und körperlichen Reaktionen, der damals revolutionär erschien, längst wissenschaftlich nachgewiesen werden.

Bach geht allerdings etwas weiter, wenn er sagt, dass diese negativen Gemütszustände daher kommen, dass wir nicht dem Weg folgen, den uns unsere Seele aufzeigt. In seinem Verständnis heißt das, dass wir es immer wieder zulassen, dass sich andere Menschen in unser Leben einmischen, oder dass wir das Leben eines anderen Menschen bestimmen wollen. Selbstbewusstsein und Toleranz anderen gegenüber sind nach Bachs Meinung entscheidend, um ein glückliches Leben zu führen.

TIPP

Die Macht der Gedanken

Stellen Sie sich vor, dass Sie kräftig in eine reife gelbe Zitrone beißen. Das Wasser läuft in Ihrem Mund zusammen, obwohl Sie weder eine Zitrone sehen noch in eine hineinbeißen. Der bloße Gedanke hat im Körper Reaktionen ausgelöst. So ähnlich kann man sich die Wirkung von Gedanken und Gefühlen auf den Körper vorstellen.

Die Wirkungsweise der Bachblüten

»Alles Dasein ist Schwingung«, so lassen sich die Erkenntnisse der modernen Atomphysik zusammenfassen. Jedes Teilchen der Materie ist in Bewegung, jedes Teilchen der Materie schwingt, langsam oder schneller. Alle unsere Zellen schwingen, alles in der belebten und unbelebten Natur ist, wie man seit Nils Bohr und Werner Heisenberg weiß, über irgendeine Art von Schwingung definiert. In der Musik ist uns das am auffälligsten. Schon etwas schwerer nachvollziehbar ist die Vorstellung, dass sich jede Pflanze in der ihr eigenen Schwingung befindet. Edward Bach, der die Welt der Heilpflanzen kannte wie kaum ein anderer, konnte die Wirkung der von ihm gefundenen Pflanzen am eigenen Leib fühlen, konnte ihre Kräfte als Vibrationen spüren.

Die Blüte – das Zentrum der Pflanzenenergie

Die größte Konzentrierung dieser Schwingungen spürte Edward Bach in der Blüte. Sie ist für ihn außerdem eine Art Signum der Pflanze, ein Erkennungszeichen höchster Individualität. In der Blüte zeigt die Pflanze ihre typische Farbe, Form und ihren individuellen Duft. Diese besondere Schwingung, die in der Pflanze im Überfluss vorhanden ist, gibt sie an den Menschen weiter und bringt ihn damit in eine höhere Schwingungsebene.

So können Defizite ausgeglichen werden, die durch negative Gemütszustände entstanden sind, und die bis in die Zellebene wirken und die Ordnung stören.
Die spezifische Heilkraft der von ihm gefundenen 38 Blüten hat Edward Bach intuitiv herausgefunden, jetzt musste es ihm nur noch gelingen, diese Heilkräfte »einzufangen«.
Zunächst tat er das dadurch, dass er den Tau von der Blüte sammelte und ihn in kleine Fläschchen abfüllte. Später entwickelte er die sogenannte Sonnenmethode: Die Blüten werden beim Höchststand der Sonne auf Wasser ausgelegt und somit der Sonnenstrahlung ausgesetzt. Auf diesem Weg wird die Kraft der Blüte ins Wasser übergeführt.

Die harmonisierende Wirkung der Blüten

Negative Gedanken oder Gefühle können sich derart manifestieren, dass sich unser ganzer Alltag nur noch darum dreht und wir uns komplett verunsichert fühlen. Würden Sie sich eine solche Situation als ein Schwingungsmuster vorstellen, sähe das wohl sehr chaotisch aus. Wenn Sie z. B. nun die entsprechenden Blüten einnehmen würden, könnten Sie spüren, wie Sie langsam ruhiger werden und wieder in Kontakt mit sich selbst kommen. Die Pflanzen haben das chaotische Schwingungsmuster, das in uns wirkt und Seele und Körper verunsichert, sozusagen mit ihrer speziellen Schwingung wieder harmonisiert.

So finden Sie die richtige Blüte

Fragen Sie sich zunächst, welches Thema Sie mithilfe der Bachblüten bearbeiten möchten.
Schon mit der Klärung, für welchen Bereich Ihres Lebens Sie die Kraft der Blüten nutzen möchten, beginnt ein Prozess, in dessen Verlauf Sie sich besser kennenlernen, und damit arbeiten Sie bereits an dem gewünschten Thema. Das Nachdenken über Ihre »Sorgen« bringt Sie in Ihrer Suche nach der richtigen Blüte weiter.

Die sieben Untergruppen

Eine Methode, die für Sie passenden Bachblüten herauszufinden, besteht darin, sich mit der Unterteilung der 38 Blüten in sieben Gruppen zu beschäftigen. Spricht Sie eines der sieben Stichworte an, dann lesen Sie die Beschreibung der einzelnen Blüten dieser Gruppe genau durch.
Wenn Sie dann eine Blüte gefunden haben, von der Sie sich angesprochen fühlen, schlagen Sie das Kapitel mit den Kurzbeschreibungen der Blüten auf. Hier finden Sie

> **TIPP**
>
> *Blicken Sie auf Ihren Körper!*
> *Wenn Sie sich über Ihren Gemütszustand nicht im Klaren sind, kann Ihnen die Beschäftigung mit dem organischen Aspekt eines Leidens eventuell auch wertvolle Hinweise liefern.*

auch die Darstellung des negativen Gemütszustands, entsprechend formulierte Schlüsselfragen, die Beschreibung des Lernziels sowie eine zur Blüte passende Affirmation, d. h. eine positive Selbstbestätigung.

38 verschiedene Blüten

Wenn Ihnen die Einteilung nach den sieben negativen Grundzuständen zu ungenau ist, besteht eine weitere Möglichkeit darin, die Kurzbeschreibungen aller 38 Blüten anzusehen, die im letzten Kapitel des Buches stehen. Dort werden Sie Klarheit finden.

Vielleicht erkennen Sie auch in einer Blüte ein »Lebensthema«, das in Ihrem Leben immer wieder auftaucht. Diese Blüte sollten Sie dann in jedem Fall eine längere Zeit einnehmen. Man könnte sie als eine Art »Grundblüte« verstehen, die dann in akuten Fällen mit anderen Blüten kombiniert wird.

Orientierung am Krankheitsbild

Wenn Sie unter einer körperlichen Erkrankung leiden, kann es hilfreich sein, die Zuordnung der Blüten zu körperlichen Erkrankungen zu lesen. Hierbei handelt es sich vor allem um Empfehlungen, die auf langjähriger Erfahrung bestehen.

Für Bach selbst hatte der Name einer Krankheit keine Bedeutung, ihm kam es allein auf den Gemütszustand an, der mit dieser Krankheit verbunden war, und für diesen suchte er auch die entsprechende Blüte aus.

Klären Sie mithilfe von persönlichen Fragen, wie Sie zu Ihrer Krankheit stehen, was Sie als verantwortlich dafür sehen etc. Zum Beispiel:

- Zweifeln Sie daran, dass es überhaupt eine Hilfe für Sie gibt? Blüte: Gorse
- Sind Sie sehr ungeduldig? Blüte: Impatiens
- Stört es Sie, dass sich niemand um Sie zu kümmern scheint? Blüte: Heather

Intuitive Auswahl

Sie können auch eine der Blüten für Ihre Mischung rein intuitiv auswählen. Voraussetzung dafür ist, dass Sie sich Zeit nehmen, sich entspannen und sich ganz den Weisungen aus Ihrem Inneren überlassen. Eine gute Hilfsmöglichkeit sind sogenannte Bachblüten-Karten (s. Literaturempfehlung), aus denen Sie spontan eine auswählen. Meistens werden Sie feststellen, dass diese Karte dem entspricht, was Sie auch bewusst wählen würden. Ist das nicht so, sollten Sie sich mit dieser Karte auf jeden Fall beschäftigen, denn vielleicht handelt es sich um einen negativen Gemütszustand, der Sie zwar belastet, den Sie aber ganz ins Unterbewusste verdrängt haben.

TIPP

Zusammen geht's leichter!
Reden Sie mit vertrauten Menschen über Ihre Unsicherheit und besprechen Sie Ihre Blütenauswahl!

Dosierung, Aufbewahrung, Haltbarkeit

Ein Bachblüten-Set besteht aus 38 Blütenessenzen (Stockbottles) und den Rescue-Tropfen. Die Blütenkonzentrate werden in der Regel in verdünnter Form eingenommen.

Sie können die persönlichen Mischungen selbst aus den Vorratsflaschen herstellen oder in der Apotheke mischen lassen. Bewahren Sie die Blütenessenzen nicht in direkter Nähe von elektrischen Geräten auf. Schützen Sie Vorratsflaschen und fertige Mischungen vor Hitzeeinwirkung und direktem Sonnenlicht. Das Haltbarkeitsdatum ist auf den Vorratsflaschen angegeben; es beträgt einige Jahre. In ein 30-ml-Pipetten- oder Tropffläschchen kommen je 4 Tropfen der Blütenessenzen (möglichst nicht mehr als 5 Blüten). Das Fläschchen dann mit Wasser (z. B. stillem Mineralwasser) zu 75 % füllen und zur besseren Haltbarkeit den Rest mit Alkohol (oder Obstessig) auffüllen. Nehmen Sie von dieser Mischung 4 x 4 (oder 2 x 8) Tropfen; bei Bedarf kann die Tropfenanzahl problemlos erhöht bzw. z. B. stündlich eingenommen werden. Überprüfen Sie nach Einnahme eines Fläschchens, ob sich Ihr Seelenzustand bzw. Ihre Symptome verändert haben, und nehmen Sie gegebenenfalls die gleiche Mischung noch mehrere Male ein.

Rescue Remedy – für alle Notfälle

Die Notfalltropfen (Rescue Remedy) sind eine fertige Mischung aus den Bachblüten Clematis, Cherry Plum,

Impatiens, Rock Rose und Star of Betlehem. Diese Mischung gibt es auch in Salbenform (mit Zusatz von Crab Apple) oder als Globuli. Sie sollten Rescue Remedy immer dabei haben, sie sind wunderbare Helfer in allen Lebenslagen (Schock, Panik etc.).

Sie können entweder 4 Tropfen in ein Glas Wasser geben oder in akuten Situationen 1 Tropfen aus der Stockbottle unter die Zunge träufeln. Wiederholen Sie die Einnahme mehrmals, bis der akute Zustand abgeklungen ist.

Bei Babys können Sie die Notfalltropfen auch in den Nabel oder die Fußsohlen einreiben. Die Notfalltropfen sind inzwischen für Kinder auch ohne Alkohol oder in Form von Globuli oder Lutschtabletten erhältlich.

Die Glas-Wasser-Methode

In akuten Fällen oder wenn Sie eine Blüte nur kurzfristig einnehmen möchten, geben Sie 2 Tropfen der jeweiligen Blüte in ein Glas Wasser und trinken Sie es schluckweise.

HEILSAME KRISEN — INFO

In seltenen Fällen treten während der Einnahme die Symptome deutlicher hervor. Nehmen Sie dann die Blütenmischung nur einmal täglich, setzen Sie ein paar Tage aus oder nehmen Sie für 1–2 Tage die Notfalltropfen. Führen Sie dann die Einnahme fort.

Die persönliche Hausapotheke

Wenn Sie die heilende Wirkung der Blüten bereits erfahren haben und z. B. Ihre ganze Familie mit Blütenmischungen versorgen, wäre es empfehlenswert, das ganze Bachblüten-Set zu Hause griffbereit zu haben (erhältlich in Apotheken oder im Internet).

Es besteht aus den Rescue-Tropfen und den 38 Blütenessenzen, aus denen Sie dann selbst Ihre Mischungen herstellen können.

Wenn Sie wissen, welche Blüte zu wiederkehrenden Gemütssymptomen passt, können Sie die jeweilige Vorratsflasche (Stockbottle) z. B. in einer Apotheke erwerben oder sich dort eine Mischung aus den von Ihnen gewünschten Bachblüten herstellen lassen.

Spezielle Blüten für jeden Typ

Neben den Notfalltropfen sollten Sie die Blüten griffbereit haben, die Sie für sich als »typisch« herausgefunden haben. Wenn Sie z. B. immer wieder dazu neigen, sich zu überfordern, und weitermachen, obwohl Sie schon längst erschöpft sind, kann Oak die richtige Blüte sein. Dazu sollten Sie dann Olive wählen, die Ihnen hilft, sich leichter zu regenerieren.

Auch die wiederkehrende Unfähigkeit, Nein zu sagen, kann typisch für Sie sein, immer wieder Ihre Energie schwächen und Sie anfällig für Krankheiten machen. In diesem Fall sollten Sie Centaury griffbereit haben.

Darüber hinaus könnten Sie z. B. in Ihre Hausapotheke ein oder zwei Blüten für jedes Familienmitglied (z. B. für Kinder) aufnehmen, die Ihnen sehr charakteristisch erscheinen.

Notfallsalbe

Zusätzlich zu den Notfalltropfen sollten Sie auf alle Fälle die Notfallsalbe zu Hause haben. Sie enthält zusätzlich die Blüte Crab Apple und ist auf einer neutralen Salbengrundlage ohne tierische Fette mit pflanzlichen Ölen und Honig aufgebaut. Sie ist zu empfehlen bei äußeren Verletzungen, Insektenstichen, kleineren Brand- und Stichwunden, Hautreizungen und zur Nachbehandlung von Narben jeder Art. Sie kann auch auf schmerzende Körperstellen aufgetragen werden (bei Zahnschmerzen z. B. äußerlich einreiben).

Helfer in allen Lebenslagen

Menschliches Leben ist körperlich, seelisch und geistig dauernden Wandlungsprozessen unterworfen. Jede Phase hat ihre beglückenden Erfahrungen, aber auch ihre speziellen Probleme und Herausforderungen. Mithilfe der Bachblüten können wir diese Wachstumsprozesse begleiten und die besonders schwierigen Übergangsphasen erleichtern.

Die Entwicklung des Menschen zur reifen Persönlichkeit, die »den Weg ihrer Seele« geht, war Edward Bachs besonderes Anliegen.

Nachfolgend finden Sie Beschreibungen von Lebenssituationen bzw. den damit möglicherweise einhergehenden Beschwerden, in denen die Bachblüten besonders hilfreich sind. Die vorgeschlagenen Blütenessenzen sind dabei als Anregungen für die eigene Auswahl zu verstehen.

Kindheit

Gerade Kinder sprechen besonders gut auf die Behandlung mit Bachblüten an – vielleicht auch deswegen, weil Kinder seelische Befindlichkeitsstörungen unmittelbarer ausleben als Erwachsene. Natürlich sollten Sie nicht sofort zur Arznei greifen, wenn Ihr Kind sich nicht so verhält, wie Sie es sich vorstellen, oder wenn Sie etwas am Verhalten Ihres Kindes stört. Aber meistens leiden Kinder selbst unter ihren Zornausbrüchen oder Ängsten. Bei der Behandlung vor allem bei kleineren Kindern, die sich noch nicht präzise artikulieren können, sind Ihre gute Beobachtungsgabe und Intuition gefragt. Probleme, die auftreten können:

- Belastende Träume: Rescue Remedy, Aspen, Mimulus, Rock Rose, Cherry Plum
- Ängste: Rescue Remedy, Star of Bethlehem, Mimulus, Rock Rose, Larch
- Starke Unruhe (bedingt z. B. durch körperliche Veränderungen wie Zahnen, Kinderkrankheiten etc.): Rescue Remedy, Olive, Crab Apple, Cherry Plum, Hornbeam, Impatiens, Vine, White Chestnut

- Wutausbrüche: Rescue Remedy, Rock Rose, Impatiens, Cherry Plum

Begleitende Empfehlungen
Sie sollten darauf achten, dass Ihre Kinder nicht zu vielen äußeren Reizen ausgesetzt sind (Fernsehen, Computer). Bei Neigung zu Hyperaktivität ist es außerdem besonders wichtig, auf die Ernährung zu achten, d. h. Zucker in allen Formen zu meiden.

Pubertät

Da sich heranwachsende Jugendliche oft sehr zurückziehen und nicht über ihr Seelenleben sprechen, muss man sich auch hier eher auf seine Beobachtungsgabe und Intuition verlassen, wenn man keine klaren Angaben bekommt. In dieser Phase des Lebens geht es besonders um die Entwicklung des eigenen Selbstwertgefühls, der eigenen Identität. Probleme, die in dieser Lebensphase auftreten können:

- Ablehnung sich selbst gegenüber und von anderen: Larch, Beech, Willow, Holly
- Isolationsgefühle: Larch, Heather, Clematis
- Konzentrationsstörungen: Olive, Clematis, White Chestnut
- Orientierungslosigkeit, »geistige Abwesenheit«: Walnut, Scleranthus, Wild Oat, Clematis, Cerato
- Starke seelische Spannungen: Rescue Remedy, Aspen, Rock Rose, Larch, Cherry Plum

Die Mitte des Lebens

Die Krise der Lebensmitte führt bei vielen Menschen zu starken Gemütsschwankungen, die dann wieder auf den in dieser Zeit eher labilen Hormonhaushalt wirken. Jetzt geht es besonders darum, sich mit sich selbst auseinanderzusetzen und sich neu zu orientieren. Probleme, die auftreten können:

- Ängste: Aspen, Mimulus, Cherry Plum
- Depressive Verstimmung: Rescue Remedy, Olive, Larch, Mustard, Wild Rose, Sweet Chestnut, Gentian
- Erschöpfungszustände: Olive, Oak, Hornbeam
- Innere Zerrissenheit: Olive, Walnut, Larch, Scleranthus

Begleitende Empfehlungen

Atem- und Entspannungsübungen sowie Yoga und Aromatherapie haben sich zur Stabilisierung bewährt. Speziell für Frauen gilt: Bei Wechseljahresbeschwerden sollten schwarzer Tee, Kaffee, Süßigkeiten, Alkohol, scharf gewürzte und fette Speisen gemieden, dafür viel Wasser und Kräutertee getrunken werden.

Alter

Wir verwenden in der Regel sehr viel Zeit und Energie darauf, den Alterungsprozess so weit wie möglich hinauszuschieben. Jeder muss sich mit den abnehmenden Lebenskräften abfinden. Aber gerade aus Verlusterfahrungen und aus der Reduzierung der äußeren Erlebniswelt kann eine Zufriedenheit mit den kleinen Dingen des Lebens erwachsen. Dennoch gibt es Probleme, die auftreten können:

- Ängste: Aspen, Mimulus, Rock Rose, Star of Bethlehem
- Loslassen fällt schwer: Star of Bethlehem, Aspen, Mimulus, Honeysuckle
- Schwächegefühl: Rescue Remedy, Olive
- Verzweiflung in schwerer Krankheit: Star of Bethlehem, Rescue Remedy, Cherry Plum, Sweet Chestnut

Begleitende Empfehlungen
Viel Musik hören, regelmäßige Körper- und Atemübungen. Hilfreich sind Ginseng-, Knoblauch- und Ginkgo-Präparate.

Hilfe bei täglichen Herausforderungen

Die Bewältigung des Alltags wird in unserer schnelllebigen Zeit durch steigende Anforderungen, Reizüberflutung und größer werdende Verunsicherung in allen Lebensbereichen immer schwieriger. Der natürliche Rhythmus zwischen An- und Entspannung ist mehr und mehr gestört. Der Verbrauch von Aufputsch- und Beruhigungsmitteln ist in den letzten Jahren, besonders auch bei Kindern, sprunghaft angestiegen.

Die Bachblüten können dabei helfen, sich selbst wieder besser wahrzunehmen, in die Harmonie zu kommen und den täglichen Herausforderungen besser gewachsen zu sein.

- Vorübergehende Belastungssituationen: Olive, Larch, Aspen, Elm, Hornbeam
- Erschöpfung: Olive, Oak, Rock Water, Hornbeam
- Labilität, Suchtgefahr: Rescue Remedy, Olive, Larch, Clematis, Agrimony, Scleranthus, Wild Oak
- Partnerschaftsprobleme: Rescue Remedy in akuten Situationen, Star of Bethlehem, Aspen, Larch, Agrimony, Centaury, Chicory, Red Chestnut, Holly, Rock Water
- Überreaktionen, wie Wutausbrüche, Panikanfälle etc.: Rock Rose, Cherry Plum, Holly
- Konzentrationsstörungen: Olive, Clematis, White Chestnut, Hornbeam
- Extreme Müdigkeit: Olive, Oak, Wild Rose, Centaury, Rock Water

Begleitende Empfehlungen
Überprüfen Sie Ihre Lebensgewohnheiten, strukturieren Sie den Alltag so, dass Zeit für Erholungsphasen bleibt. Achten Sie auf regelmäßigen Schlaf und regelmäßiges Essen, schränken Sie Alkohol, Nikotin, Koffein ein, bewegen Sie sich möglichst oft in frischer Luft und überprüfen Sie Ihren Vitamin- und Mineralstoffhaushalt.

Hilfe bei einschneidenden Erlebnissen

Neben den natürlichen Wandlungsphasen und den alltäglichen Herausforderungen gibt es immer wieder Ereignisse, die die Psyche besonders beanspruchen. Bewältigen wir diese nicht oder nur ungenügend, kann es zu lang anhaltenden Gemütsverstimmungen kommen, die sich schließlich in körperlichen Krankheiten ausdrücken. Beispiele für solche »Schnittstellen« im Leben sind:

- Arbeitsplatzverlust: Rescue Remedy, Star of Bethlehem, Aspen, Mimulus, Larch, Wild Oat, Willow
- Berufswechsel: Walnut, Larch, Elm, Honeysuckle
- Geburt eines Kindes: Olive, Mimulus, Aspen, Red Chestnut (für die Geschwister evtl. Heather, Holly)
- Operationen (davor, während, danach): Rescue Remedy, Aspen, Star of Bethlehem
- Prüfungssituationen: Rescue Remedy, Olive, Larch, Elm, Clematis, Chestnut Bud
- Trennung: Rescue Remedy, Star of Bethlehem, Aspen, Mimulus, Honeysuckle, Holly

- Schocksituationen jeder Art (z. B. eine schlechte Nachricht): Rescue Remedy, Star of Bethlehem, Aspen, Mimulus, Clematis
- Unfälle und Verletzungen: Rescue Remedy, Star of Bethlehem, Aspen, Mimulus, Clematis, Rescue Remedy-Salbe
- Verlust eines Menschen: Rescue Remedy, Star of Bethlehem, Honeysuckle, Sweet Chestnut, Gorse

Hilfe bei Angst, dem Angriff auf die Seele

Wenn Edward Bach davon spricht, dass Krankheit heilsam ist, weil sie uns auf den Weg der Seele zurückführen kann, ist dieser feste Glaube für viele Menschen nicht leicht nachzuvollziehen. Die Zeitkrankheit »Angst« greift immer mehr um sich. Oft sind diese Ängste ursächlich für Zeitkrankheiten wie z. B. »Burnout«. Hierbei können die Bachblüten ihre hilfreiche Wirkung zeigen:

- Angst vor Krankheit und Katastrophen, Existenz- und Zukunftsangst: Rescue Remedy, Aspen, Mimulus, Larch, Rock Rose
- Depressive Verstimmungen: Aspen, Rock Rose, Walnut, Larch, Sweet Chestnut, Wild Rose, Gentian
- Gefühl der Isolation: Star of Bethlehem, Sweet Chestnut, Wild Rose, Water Violet
- Heftige Eifersuchtsgefühle, Angst vor dem Verlassenwerden: Rescue Remedy, Holly, Cherry Plum
- Minderwertigkeitsgefühle: Star of Bethlehem, Larch, Beech, Holly

- Panikattacken bis hin zu Selbstmordgedanken: Rescue Remedy, Star of Bethlehem, Cherry Plum, Sweet Chestnut

Begleitende Empfehlungen
Atemtherapie und Entspannungstechniken. Das Schreiben eines Tagebuchs hilft, Probleme und Ängste fassbar zu machen und abzubauen. Bei Neigung zu Angstzuständen sollte auf Stimulanzien, wie z. B. Alkohol oder auf aufregende Bücher oder Filme vor dem Einschlafen verzichtet werden.

Oft ist eine langfristige Behandlung nötig
In der Regel nimmt man eine Blütenmischung über einen Zeitraum von ca. drei Wochen, es kann aber sein, dass Sie schon nach wenigen Tagen das Gefühl haben, diese Blüte nicht mehr zu brauchen. Vor allem, wenn Sie schon seit längerer Zeit Bachblüten einnehmen, kann schon ein kurzer Impuls ausreichen. Wenn Sie das bei sich wahrnehmen, genügt es oft schon, 2 Tropfen der entsprechenden Blüte in einem Glas Wasser über den Tag verteilt zu trinken.

ZITAT

Nicht bekämpfen, sondern erkennen und überwinden, denn die vollkommene Heilung entsteht nur in unserem Innern. **Edward Bach**

Behandlung von Haustieren und Pflanzen

Gerade die Behandlung von Haustieren zeigt sehr gute Erfolge, da Tiere sehr stark von Gefühlen beeinflusst werden. Es gäbe viele Beispiele über erfolgreiche Behandlungen von Katzen, Hunden, Pferden, ja sogar Igeln und Goldfischen zu berichten. Da uns hier die gemeinsame Sprache als Verständigungsmittel fehlt, ist es notwendig, die Tiere genau und über einen gewissen Zeitraum zu beobachten und sich darüber hinaus auf das eigene Gefühl und die eigene Intuition zu verlassen.

So behandeln Sie Ihre Haustiere

Zunächst kommen für Tiere meistens die Notfalltropfen infrage, vor allem dann, wenn Sie nicht sicher sind, um welche seelische Störung es sich handelt. Denken Sie vor allem an die Notfalltropfen nach Operationen, Unfällen oder anderen Schocksituationen. Hier kann auch über mehrere Tage oder Wochen die Verabreichung der Blüte Star of Bethlehem hilfreich sein.

Genau wie beim Menschen gibt es auch beim Haustier Verhaltensmuster, die auf Gefühle wie Traurigkeit, Angst, Wut, Eifersucht oder auf übermäßigen Besitzanspruch schließen lassen.

Dosierung und Gabe

Erstellen Sie für Ihr Tier eine Mischung ohne Zugabe von Alkohol und geben Sie zwei- bis dreimal täglich einige Tropfen ins Trinkwasser oder ins Futter.

Bei Großtieren, wie z. B. bei Pferden, erhöhen Sie bis auf zwei- bis dreimal 10 bis 15 Tropfen. In Notfällen können Sie dem Tier 2 bis 3 Tropfen des passenden Mittels aus der Vorratsflasche einflößen.

In anderen Fällen hat es sich auch bewährt, dem Tier 1 bis 2 Tropfen Rescue direkt zu geben.

Auch bei Pflanzen wirksam

Genauso wie Tiere können Sie auch Ihre Pflanzen mit den Bachblüten behandeln. Sollten Ihre Pflanzen bestimmten Stresssituationen, z. B. Umzug, Umtopfen oder Vernachlässigung nicht »gewachsen« sein, dann geben Sie zwei bis drei Tropfen Rescue oder Star of Bethlehem in das Gießwasser. Ihre Pflanzen werden es Ihnen danken.

Die sieben Blütengruppen

Edward Bach unterteilte die Blüten in sieben Untergruppen, die je einem negativen seelischen Zustand zugeordnet sind. Erfahren Sie, welche Bachblüte wann wirkt!

Sieben Blütengruppen – sieben Krankheitsbilder

Der Entdecker der Bachblüten hat die 38 Blüten in sieben Untergruppen aufgeteilt und diesen Untergruppen jeweils eine Form von Befindlichkeitsstörungen zugeordnet. So ist es leichter möglich, seine eigenen Probleme und Sorgen wiederzufinden und daraus folgernd die richtige Blüte zur Behandlung auszuwählen.

Die sieben negativen Gemütszustände
1. Angst
2. Unsicherheit
3. Ungenügendes Interesse an der Gegenwart
4. Einsamkeit
5. Überempfindlichkeit gegenüber fremden Einflüssen
6. Mutlosigkeit, Verzweiflung
7. Übergroßes Besorgtsein um das Wohl anderer

Wenn Sie Ihre Stimmung, Ihren negativen Gemütszustand, Ihre seelische Verfassung unter einem dieser Schlagworte finden, schauen Sie sich die Blüten in dieser Gruppe genauer an.
Eine detailliertere Beschreibung sämtlicher Blüten und ihrer Wirkungsweise finden Sie im letzten Kapitel des Buches, dort sind alle Pflanzen in alphabetischer Reihenfolge aufgelistet.

Für jene, die Angst haben

Eigentlich ist Angst lebensnotwendig für uns, sie warnt uns vor Gefahren und hilft uns, in solchen Fällen das Richtige zu tun. Doch heute nimmt die Angst bei vielen Menschen einen zu großen Raum ein, bestimmt das Leben und behindert das Wachstum. Die einzelnen nachfolgenden Blüten wirken gegen die verschiedenen Formen von Angst und Panik, die entweder als akute Zustände auftreten können oder latent im Menschen vorhanden sind.

Nachfolgend finden Sie zu jeder Blüte einige »Leitsymptome«:

Rock Rose – Gemeines Sonnenröschen

Extreme Angst und Panik, wie sie z. B. bei Unfällen oder plötzlicher Erkrankung auftauchen, bei allen Notfällen, die mit Panik verbunden sind.

Mimulus – Gefleckte Gauklerblume

Furcht vor konkreten Dingen wie Krankheit, Schmerz, Unfällen, Armut, Dunkelheit, Alleinsein, Tieren etc.; für den Umgang mit den alltäglichen Ängsten.

Cherry Plum – Kirschpflaume

Angst, durchzudrehen oder verrückt zu werden, die Kontrolle zu verlieren, etwas Schreckliches zu tun, das man eigentlich nicht tun möchte, ja sogar Angst, sich selbst etwas anzutun.

Aspen – Espe
Unklare starke Ängste oder vage Vorahnungen eines drohenden Unheils, die sehr tief sitzen, auch ohne einen konkreten Anlass; zu große Durchlässigkeit für negative Nachrichten.

Red Chestnut – Rote Kastanie
Übermäßige Sorge und übersteigerte Angst um andere Menschen und deren Bedürfnisse, über die fast das eigene Leben vergessen wird.

Für jene, die an Unsicherheit leiden
Ständige Unsicherheit und Unentschlossenheit können eine Quelle für Krankheiten sein. Da alle Vorgänge in unserem Körper abhängig von Harmonie und Ordnung sind, bringen Zweifel und Unsicherheit Disharmonie und damit Störungen mit sich.

Cerato – Bleiwurz
Zweifel an den eigenen Fähigkeiten und eigenen Entscheidungen und mangelndes Vertrauen in die eigene Intuition. Anstatt selbst eine Entscheidung zu treffen, fragt man ständig andere um Rat.

Scleranthus – Einjähriger Knäuel
Tief sitzende Entscheidungsschwäche; von zwei Möglichkeiten erscheinen beide gleich wichtig und keine möchte losgelassen werden.

Gentian – Bitterer Enzian

Entmutigung bis hin zur Depression, wenn sich die Pläne nicht verwirklichen lassen; bei negativer Erwartungshaltung, wenn schon der kleinste Widerstand oder die kleinste Verzögerung diese Haltung als »selbsterfüllende Prophezeihung« bestätigen.

Gorse – Stechginster

Unsicherheit, die bis zur Hoffnungslosigkeit geht, bei dem Gefühl, stecken zu bleiben in einer Krise; wenn man Hilfe zwar erbittet, aber nicht wirklich annehmen kann.

Hornbeam – Hainbuche

Geistige Erschöpfung; Müdigkeit schon bei dem Gedanken an Aufgaben, die auf einen zukommen; Angst vor kraftraubenden Auseinandersetzungen.

Wild Oat – Waldtrespe

Ziellosigkeit; Unsicherheit, welchen Weg man einschlagen soll. Kennzeichnend für die Waldtrespe ist die Unzufriedenheit.

Für jene, die nicht genügend Interesse an der Gegenwart haben

Die negativen Gemütssymptome, die unter dieser Gruppe zusammengefasst sind, sind oft Ursache für Depressionen und auch für körperliche Erkrankungen. Mangelndes Interesse an der Gegenwart beraubt den Menschen seiner Fähigkeit, selbstbestimmt und freudvoll zu leben und zu handeln. Es geht hier darum, sich auch während Phasen großer Traurigkeit immer wieder aufzurichten und neu zu beginnen, die Lethargie und Passivität, die einen bremst und lähmt, zu überwinden.

Clematis – Gemeine Waldrebe

Interesselosigkeit, Langeweile, Melancholie; man ist mit den Gedanken mehr in der Zukunft als in der Gegenwart, flieht gerne in Traumwelten.

Honeysuckle – Geißblatt

Verweilen in der Vergangenheit; Menschen mit einer Affinität zu dieser Blüte hängen Erinnerungen oder Wunschträumen nach und erkennen nicht die Chancen im gegenwärtigen Leben. Sie grämen sich wegen verpasster Chancen, anstatt sich neuen Möglichkeiten zuzuwenden.

Wild Rose – Heckenrose

Sehr schwacher Wille, wenig Antrieb, für die eigenen Anliegen zu kämpfen und die Situation zu verbessern.

Olive – Ölbaum
Totale körperliche und seelische Erschöpfung; die Energiereserven sind bei solchen Menschen durch extreme Anstrengungen oder belastende Lebenssituationen aufgebraucht.

White Chestnut – Weiße Kastanie
Schwache Konzentrationsfähigkeit, so dass dem Zudrang von Gedanken Tür und Tor geöffnet werden; Gedankenkarussell, mangelnde innere Ordnung.

Mustard – Ackersenf
Schwermütige Gefühle, die wie die Wolken kommen und gehen, oft, ohne dass es einen äußeren Grund gibt; innere Lähmung, die periodisch wiederkehrt.

Chestnut Bud – Kastanienknospe
Wiederholung der immer gleichen Fehler, weil die Lernaufgabe nicht erkannt bzw. das Erkannte nicht umgesetzt wurde; fehlende Aufmerksamkeit.

Für jene, die einsam sind
Glaubt man den Erkenntnissen der modernen Psychoneuroimmunologie, so gehören Einsamkeitsgefühle zu den besonders belastenden Faktoren für das Immunsystem, d. h. sie können das Ausbrechen von Erkrankungen begünstigen. Edward Bach hat die Blüten danach unterteilt, was diese Einsamkeit im Menschen verursacht.

Water Violet – Sumpfwasserfeder
Nähe kann schwer zugelassen werden; Mangel an Zärtlichkeit und Körperkontakt; man hält andere Menschen auf Abstand, fühlt sich unabhängig, leidet trotzdem unter der eigenen inneren Kühle.

Impatiens – Drüsentragendes Springkraut
Ungeduld, die durch eigenes schnelles Denken und Handeln ausgelöst wird; mangelnde Fähigkeit, zu akzeptieren, dass jeder Mensch sein eigenes Tempo hat.

Heather – Heidekraut
Einsamkeitsgefühle; man braucht immer einen Ansprechpartner, Aufmerksamkeit, um sich geliebt zu fühlen; Nähe-Distanz-Verhältnis ist schwierig.

Für jene, die überempfindlich gegenüber fremden Einflüssen sind

Diese Gruppe betrifft eine zentrale Idee von E. Bach, nämlich, »dass wir es keinem Menschen erlauben dürfen, uns zu beeinflussen bzw. in unser Leben einzugreifen«. Bach sieht in dieser Einflussnahme eine der Hauptursachen für Krankheit.

Agrimony – Odermennig
Angst vor Kritik oder vor Konflikten; nach außen hin immer positiv, eigene Gefühle werden unterdrückt, weil man niemanden hinter die Fassade blicken lassen will.

Centaury – Tausendgüldenkraut
Schwäche des eigenen Willens; um geliebt zu werden, werden eigene Vorstellungen und Wünsche vernachlässigt, man möchte es allen recht machen.

Walnut – Walnuss
Steckenbleiben in einer Krise, mangelnde Durchhaltefähigkeit; obwohl man den eigenen Weg kennt, lässt man sich zumindest zeitweilig von anderen beeinflussen oder tritt auf der Stelle.

Holly – Stechpalme
Neid, Eifersucht, Rachsucht und Misstrauen; die eigenen Fähigkeiten werden ungenügend geschätzt, weil sich der Blick zu sehr auf das Auftreten und Können anderer Menschen richtet.

Für jene, die mutlos und verzweifelt sind
Der Mut wird in allen Weisheitslehren dieser Welt als eine wichtige Voraussetzung für menschliche Entwicklung angesehen. Die Mutlosigkeit kann verschiedene Wurzeln haben, wie sich in den nachfolgenden Blütenbeschreibungen zeigt.

Larch – Lärche
Mangelndes Selbstbewusstsein, Glaube an die eigene Unfähigkeit bzw. daran, dass sich keine Anstrengung lohnt, weil man ohnehin nie Erfolg haben wird.

Pine – Kiefer
Schuldgefühle und Selbstvorwürfe; man schämt sich sogar für Fehler der anderen, verliert darüber die Lebensfreude und die Möglichkeit, das Leben zu genießen, man fühlt sich als Versager.

Elm – Ulme
Vorübergehender Zustand von Mutlosigkeit, z. B. bei einer bevorstehenden Herausforderung (Prüfung, Arbeitsplatzwechsel etc.), obwohl man eigentlich weiß, dass man es schaffen kann.

Sweet Chestnut – Edelkastanie
Mutlosigkeit wird hier zur tiefsten Seelenqual, man erlebt Momente größter Ausweglosigkeit. Man hat das bedrohliche Gefühl, zusammenzubrechen, dem Leben nicht mehr gewachsen zu sein.

Star of Bethlehem – Doldiger Milchstern
Die Blüte hilft sowohl in akuten, als auch bei lange zurückliegenden Schocksituationen, die sich als Blockaden im Lebensfluss zeigen. Sie wird als »Seelentröster« bezeichnet.

Willow – Weide
Mutlosigkeit und Selbstmitleid kommen hier aus dem Gefühl, ein Opfer zu sein, immer Pech im Leben zu haben, benachteiligt zu werden.

Oak – Eiche
Überforderung und Erschöpfung, mangelnde Bereitschaft, sich Erholungspausen zu gönnen.

Crab Apple – Holzapfel
Hohe Anforderungen an Sauberkeit und Ordnung, Angst vor Ansteckung, Angst vor Schmutz.

Für die, die besorgt um das Wohl anderer sind
Jeder Mensch muss in erster Linie für sich selbst Verantwortung übernehmen, muss an sich selbst arbeiten, denn nur so kann er für andere hilfreich und ermutigend wirken. In den nachfolgenden Blütenbeschreibungen werden mehrere Facetten des Besorgtseins um andere beschrieben.

Chicory – Wegwarte
Sorge um andere, die hier die Form von Besitzanspruch annimmt; man weiß, was für andere gut ist, setzt sie dabei unter Druck; Liebe wird von Gegenleistung abhängig gemacht.

Vervain – Eisenkraut
Hohe Begeisterungsfähigkeit, bis hin zu missionarischem Eifer; man versucht, eigene Überzeugungen und Vorstellungen auf andere zu übertragen; erschöpft sich durch Überaktivität, hat wenig Verständnis für die Schwäche anderer.

Vine – Weinrebe
Hohe Führungsqualität, sehr fähig und leistungsstark, dabei aber starke Dominanz und die Neigung zur Selbstüberschätzung bis hin zum Machtmissbrauch.

Beech – Buche
Ausgeprägte und oft scharfe Kritik, Fehler bei anderen werden sehr schnell erkannt und schonungslos offengelegt, auch Neigung zu hoher Selbstkritik und dem Blick zum »halbleeren« Glas; Gefahr der Intoleranz.

Rock Water – Quellwasser
Hohes Maß an Selbstdisziplin und feste Prinzipien; Lebensfreude bleibt auf der Strecke, Vorbildfunktion und dabei oft Verlust der eigenen Lebensfreude.

Krankheit – Weisung der Seele

Wenn Sie unter einer körperlichen Erkrankung leiden, die Sie mit Bachblüten behandeln oder mitbehandeln möchten, fragen Sie sich zuerst, wie Ihr Verhalten der Krankheit gegenüber jetzt ist.
Die Wahl der Blüte ist von der Art der Antwort abhängig.

Die Reaktion auf Ihre Beschwerden

Die nachfolgend beschriebenen, beispielhaft ausgewählten Blüten können angebracht sein, wenn Sie folgendermaßen auf Ihre Krankheit reagieren:

- Mit quälenden Gedanken, die Sie hinter einer fröhlichen Fassade verbergen: Agrimony
- Mit diffusen Ängsten: Aspen
- Mit einem ständigen Wechsel der Therapie und einer permanenten Suche nach immer neuen Ratgebern: Cerato, Impatiens, Scleranthus
- Mit dem Gefühl von Widerstand, weil Sie nicht verstehen können, warum es ausgerechnet Sie trifft: Chestnut Bud
- Mit dem Gefühl, es gebe ja letztlich doch nichts, was Ihnen helfen kann: Gorse
- Mit selbsterfüllenden negativen Prophezeiungen: Gentian
- Mit dem Gefühl von erdrückender Einsamkeit oder dem starken Bedürfnis, anderen ständig Ihre Probleme mitzuteilen: Heather

- Mit Ungeduld gegenüber sich und den Mitmenschen: Impatiens
- Mit konkreten Ängsten, dass sich hinter der Krankheit etwas Schlimmes verbirgt, auch mit Todesangst: Mimulus, Aspen
- Mit lähmender Melancholie und Traurigkeit: Mustard, Wild Rose
- Mit extremer Kraftlosigkeit: Olive
- Mit der Sorge, dass Sie Ihre Pflichten nicht erfüllen können: Oak
- Mit vielen Vorwürfen oder Schuldgefühlen, weil Sie glauben, etwas falsch gemacht zu haben, an etwas schuld zu sein: Pine
- Mit dem Glauben, am Ende ihrer Kraft und ohne jede Hoffnung zu sein: Sweet Chestnut
- Mit Sorgen, vorwiegend um andere Menschen: Red Chestnut
- Mit Panik oder hysterischen Ausbrüchen: Cherry Plum, Rock Rose
- Mit dem Gefühl, z. B. in der Genesung nicht voranzukommen: Gorse, Walnut
- Mit Neid auf die Gesundheit anderer: Holly
- Mit Gedankenzudrang, den Sie nicht stoppen können: White Chestnut
- Mit Apathie und Desinteresse an einer Verbesserung des Zustands: Gorse, Wild Rose
- Mit dem Gefühl, ein Opfer des Schicksals zu sein: Heather, Willow

Geschwächte seelische Abwehrkräfte können sich als Verzweiflung äußern, die in Traurigkeit, Angst oder Wut umschlagen kann. Achten Sie auf diese seelischen Alarmzeichen und mobilisieren Sie mithilfe von Bachblüten Ihre verschütteten Energien, um Ihren Körper beim Genesungsprozess zu unterstützen.

Wo liegen die Ursachen?

Als Nächstes sollten Sie sich fragen, welche lang andauernden Probleme oder Belastungen zu Ihrer Krankheit geführt haben könnten. Wodurch haben Sie Ihre Harmonie, Ihre innere Ordnung verloren?
Wenn Sie ein spezielles auslösendes Ereignis, z. B. einen Schock oder ein sehr belastendes Erlebnis, erkennen können, sollten Sie in jedem Fall Star of Bethlehem (Doldiger Milchstern) nehmen.

Die nachfolgenden Gedanken können Ihnen helfen, mehr über die Hintergründe Ihrer Beschwerden herauszufinden. Sie sollen Anstoß sein, sich mit sich selbst mehr zu beschäftigen. Die benannten Gemütszustände können die Krankheit in ihrer Entstehung fördern und sind durch die zugeordneten Blüten zu behandeln.

Allergien

Aus Sicht der Naturheilkunde sind allergische Erkrankungen immer die Reaktion eines stark beanspruchten Immunsystems.

Eine sehr wichtige Rolle spielt bei der Entstehung der Allergie die Psyche. Reizüberflutung durch zu viele Informationen und vor allem emotionaler Stress sind hier die Hauptfaktoren. Nachfolgend einige Bachblüten, die besonders häufig infrage kommen:
Centaury – mangelnde Fähigkeit zu Abgrenzung,
Larch – Selbstzweifel, mangelndes Selbstvertrauen,
Star of Bethlehem – unverarbeitete Schocks,
Honeysuckle – Verluste, die nicht verarbeitet sind,
Holly – negative Gefühle, wie Hass und Eifersucht.

Herz und Kreislauf

Kein Organ ist so wie unser Herz ein Symbol für die Lebensenergie. Herzprobleme sind meist mit großen Ängsten verbunden. Da Angst selbst aber wieder – wie das Wort schon sagt – eng macht, verstärkt sie die Beschwerden noch. In solchen Fällen sind die Notfalltropfen eine große Hilfe. In jedem Fall ist eine längere Einnahme der Blüten Aspen, Mimulus oder Rock Rose ratsam. Hören Sie vor allem mehr auf Ihr Herz, spüren Sie, was ihm wirklich fehlt.

WICHTIG!!!

INFO

Eine Bachblüten-Behandlung ersetzt keine gegebenenfalls notwendige medizinische Behandlung.

Niedriger Blutdruck

Schwindelgefühle, Antriebsschwäche und Mattigkeit sind, wenn auch meist nicht gefährlich, äußerst unangenehm. Achten Sie vor allem darauf, dass Sie genügend trinken und sich viel in frischer Luft bewegen. Das allein lindert schon die Beschwerden. Häufig genügt hier die Behandlung mit Bachblüten.

Im akuten Fall nehmen Sie die Notfalltropfen oder die Blüte Star of Bethlehem ein; für eine längere, dauerhafte Behandlung eignen sich Blüten wie Larch, Clematis, Wild Rose, Mimulus.

Hoher Blutdruck

Hypertonie ist häufig ein Hinweis auf Daueranspannung, übermäßigen Leistungsdruck, unterdrückten Ärger oder einfach auf Stauungen der Lebensenergie. Blüten für die Akutbehandlung sind: Notfalltropfen, Star of Bethlehem oder Cherry Plum. Für die weitere Behandlung: Aspen, Mimulus oder Rock Water.

Magen

Chronische Magenbeschwerden sind oft eine Folge von erhöhter Stressbelastung. Unverarbeitete Gefühle wie Angst oder Sorgen schlagen sich ebenfalls leicht auf den Magen. Bachblüten führen zu einer Beruhigung und Stabilisierung des Magens: Elm, Oak, Larch, Mimulus, Willow oder Heather. Star of Bethlehem kann generell eingesetzt werden.

Leber

Eine zentrale Rolle im Körper spielt die Leber; sie ist maßgeblich am Fett- und Eiweißstoffwechsel, an der Bildung von Galleflüssigkeit, an der Bildung von Harnstoff usw. beteiligt. Sie ist Entgiftungsorgan und chemisches Labor. Je mehr wir sie mit Alkohol, Kaffee, Medikamenten und Giften jeder Art belasten, umso schwieriger wird es für sie, ihrer Aufgabe nachzukommen und den Körper durch ihre Arbeit zu reinigen. Die Leber wird auch als »Ärgerorgan« bezeichnet. Bewährt haben sich: Cherry Plum, Vine, Beech oder Impatiens.

Darm

Im Dünndarm und im Dickdarm wird der Verdauungsprozess fortgesetzt. Für den Körper nützliche Stoffe werden resorbiert, schädliche werden ausgeschieden. Ein Heer von nützlichen Darmbakterien unterstützt diese Arbeit. »Pflegen« Sie deshalb Ihre Darmflora mit hochwertigen Nahrungsmitteln, vermeiden Sie allzu viel Fleisch und Fertigprodukte. Der Darm reagiert sehr empfindlich auf Stress und Sorgen, die man oft tief in sich vergräbt und die dadurch nicht bearbeitet bzw. »ausgeschieden« werden können. Oft merkt man die Macht dieser negativen Einflüsse auf den Körper erst, wenn sich schon Bauchschmerzen eingeschlichen haben. Besonders Kinder reagieren bei andauernden Belastungen mit unerklärlichem Bauchweh. Hilfreiche Bachblüten sind: Crab Apple (zur Reinigung), Agrimony, Elm, Larch, Oak, Pine.

Nieren

Die Nieren dienen in erster Linie der Ausscheidung und Entgiftung, außerdem wirken sie auf den Blutdruck und sind an der Aufrechterhaltung des Säure-Basen-Gleichgewichts sowie des Wasser-Salz-Haushalts beteiligt. Nierenprobleme werden schon im Volksmund mit tief sitzenden Ängsten, Sorgen oder auch Partnerschaftsproblemen in Verbindung gebracht. Mithilfe der Bachblüten können diese negativen Gemütszustände gewandelt werden. Infrage kommen: Aspen, Mimulus, Larch, Star of Bethlehem, Rock Rose, Red Chestnut oder Agrimony.

Atmungsorgane

Der Atemvorgang beginnt mit der Nase, wo die Luft gereinigt und gefiltert wird. Die Nase, aber auch Lungen- und Bronchien sind Aufnahme- und Ausscheidungsorgane. Probleme mit der Atmung haben häufig mit zu großer innerer Anspannung zu tun. Auch das Thema Distanz und Nähe gehört auf der psychosomatischen Ebene zu den Atmungsorganen. Unterstützende Bachblüten sind Scleranthus, Chicory, Red Chestnut, Honeysuckle, Water violet.

> **TIPP**
>
> *Atmen üben*
> *Erlernen Sie die richtige Technik! Sie werden erstaunt sein, welche Wunder eine bewusste Atmung vollbringen kann!*

Der Bewegungsapparat

Unter dem Bewegungsapparat versteht man Knochen, Sehnen, Bänder, Muskeln und Gelenke.

Häufig werden seelische Probleme im Körper ausgetragen. Rückenschmerzen können ein Hinweis darauf sein, dass wir uns zu sehr emotional belasten. Je mehr wir an seelischer Stabilität verlieren, umso mehr reagieren unsere Rückenmuskeln mit Verhärtung, um so eine gewisse Stärke vorzutäuschen. Ein gesundes Maß an Bewegung, eine Ernährung, die genügend Nährstoffe enthält, ausreichende Entspannungs- und Ruhephasen – das alles sind Voraussetzungen, um beweglich zu bleiben. Bachblüten, die infrage kommen, sind: Oak, Elm, Hornbeam, Pine, Olive, Willow, Vervain, Agrimony oder Rock Water.

Haut

Sie schützt den Organismus und sorgt für den Wärme- und Feuchtigkeitshaushalt. Die Haut ist Sinnes- und auch Ausscheidungsorgan und dient der Reinigung. Damit sollte jede Hautbehandlung eine ganzheitliche sein, denn die Haut wird nicht nur oft als »Spiegel der Seele« bezeichnet, sie weist auch auf Störungen z. B. des Hormonhaushalts oder der Verdauung hin. Grundsätzlich hilft eine gesunde Ernährung mit wenig Fett und viel vitamin- und mineralreicher Frischkost der Haut ebenso wie Bewegung in frischer Luft und ausreichender Schlaf. Hilfreiche Bachblüten: Centaury, Larch, Heather, Crab Apple, Water Violet und Olive.

Nervensystem

Das Nervensystem ist das Kommunikationssystem des Körpers. Auf nervalem Wege werden Informationen vermittelt, werden die Zellaktivität und alle Stoffwechselvorgänge und auch unser Denken gesteuert. Es ist leicht vorstellbar, dass in einer Zeit der »Überkommunikation« das Nervensystem extremen Belastungen ausgesetzt ist. Unser Nervensystem braucht unbedingt Ruhephasen. Es braucht einen Spaziergang im Grünen und ästhetische Reize. Und es braucht vor allem Harmonie im Gefühlsleben. Hier können Sie folgende Bachblüten einsetzen: Agrimony, White Chestnut, Hornbeam, Vervain und Olive.

ZITAT

Wie schöne Musik oder andere großartige inspirierende Dinge, sind sie [Bachblüten] in der Lage, unsere ganze Persönlichkeit zu erheben und uns unserer Seele näher zu bringen. Dadurch schenken sie uns Frieden und entbinden uns von unserem Leiden. Sie heilen nicht dadurch, dass sie die Krankheit direkt angreifen, sondern dadurch, dass sie unseren Körper mit den schönen Schwingungen unseres höheren Selbst durchfluten, in deren Gegenwart die Krankheit hinwegschmilzt wie Schnee an der Sonne. Es gibt keine echte Heilung ohne eine Veränderung in der Lebenseinstellung, des Seelenfriedens und des inneren Glücksgefühls ...
Edward Bach

Heilen mit Bachblüten

Dieses Kapitel stellt in einer Art ABC alle Blüten vor. Erfahren Sie, bei welchem Gemütszustand welche Blüte wirkt und wie Sie selbst einen Weg hin zu einem glücklichen, erfüllten Leben finden können!

Alle Bachblüten auf einen Blick

In diesem Kapitel finden Sie alle Blüten alphabetisch aufgeführt – mit einer kurzen Beschreibung des negativen Gemütszustands, der vorherrscht, wenn man die Blüte benötigt. Wenn Sie eine oder gar alle der aufgeführten Schlüsselfragen positiv beantworten können, ist das ein klarer Hinweis, dass die entsprechende Blüte für Sie geeignet ist.

Jeder Blüte sind auch Lernziele zugeordnet, die Sie mithilfe der Blüten in Angriff nehmen können. Ergänzend finden Sie eine Affirmation, d. h. eine positive Selbstbestätigung, die Sie als eine Art meditativen Anreiz, als die verkürzte Formulierung Ihrer Zielsetzung, verwenden können.

Agrimony – Odermennig   Nr. 1

Man hat Angst, sein wahres Gesicht zu zeigen, verbirgt die eigene hohe Verletzlichkeit, die Angst vor Ablehnung z. B. hinter einer fröhlichen Fassade. Die innere Anspannung kann zur Abhängigkeit von Suchtmitteln führen.

Schlüsselfragen

- Fällt es Ihnen schwer, Konflikte auszuhalten?
- Haben Sie das Bedürfnis, von allen gemocht zu werden?
- Greifen Sie gerne zu Stimmungsaufhellern?

Ihr Lernziel

Je mehr Vertrauen Sie in Ihre eigene Persönlichkeit haben, umso konfliktfähiger werden Sie. Wenn Sie nicht mehr krampfhaft versuchen, die eigenen Schattenseiten zu verdecken, wird Ihre Angst schwinden, dass andere eine Seite an Ihnen aufdecken könnten, die Ihnen unangenehm ist. Sie müssen sich nicht hinter einer Maske von Fröhlichkeit oder Kumpelhaftigkeit verbergen. Durch echte Auseinandersetzung mit anderen entstehen Reibung, Wärme und Lebendigkeit und die echte Fähigkeit zu Freude und Fröhlichkeit. Wer seine eigenen Schwächen akzeptiert, ist toleranter den Schwächen der anderen gegenüber. So lassen sich Konflikte offen regeln.

Affirmation

Ich nehme mich an mit meinen Licht- und Schattenseiten und kann anderen offen gegenübertreten.

Aspen – Espe   Nr. 2

Man hat unklare Ängste, leidet unter Vorahnungen von drohendem Unheil (z. B. unter Alpträumen), ist zu offen für negative Energien, ohne sich dessen bewusst zu sein.

Schlüsselfragen

- Leiden Sie öfter unter unklaren Ängsten?
- Haben Sie Angst vor Bedrohungen durch »dunkle Schicksalsmächte«?
- Leiden Sie unter Albträumen?
- Sehen Sie überall versteckte Gefahren?

Ihr Lernziel

Mithilfe der Blüte Aspen können Sie lernen, Ihre Ängste zu durchschauen, und solche, die Sie vor einer wirklichen Gefahr warnen, von denen zu unterscheiden, die nur in Ihrer Vorstellung existieren. Je sicherer und geborgener Sie sich fühlen, je mehr Sie die Beziehung zur Erde und zu Ihrem Körper wahrnehmen, desto besser können Sie mit den Ängsten umgehen, die Sie zu überfluten scheinen. Aus diesem Gefühl der Sicherheit heraus können Sie sich auch den Ängsten, die aus dem eigenen oder auch aus dem kollektiven Unbewussten aufsteigen, besser stellen und zu einem guten Ratgeber auch für andere werden.

Affirmation

Ich bin geerdet und in meiner Mitte, im Schutz der geistigen Welt.

Beech – Buche   Nr. 3

Man neigt zu übermäßiger Kritik, zu einem hohen Anspruch an sich und andere, besitzt ein scharfes Wahrnehmungsvermögen, das oft dazu benutzt wird, die Fehler anderer aufzudecken. Das kann zu einem Überlegenheitsgefühl führen, bei dem das Mitgefühl fehlt.

Schlüsselfragen

- Sind Sie anderen gegenüber überkritisch?
- Erkennen Sie sofort die Schwächen der anderen?
- Fällt es Ihnen schwer, tolerant zu sein?

Ihr Lernziel

Die Lektion, die Sie mithilfe der Blüte Beech zu lernen haben, ist die Toleranz. Es geht in erster Linie um die Erkenntnis, dass Sie mit allem in enger Verbindung stehen, mit Menschen, Tieren, Pflanzen. Von allen können Sie lernen und umgekehrt. Das schließt eine gesunde Fähigkeit zur Unterscheidung und auch zur Kritik keinesfalls aus. Eine weitere Hilfe, die uns die Blüte Beech geben soll, besteht darin, die eigenen Fehler zu sehen und damit zu vermeiden, dass wir sie auf andere projizieren und ein Überlegenheitsgefühl entwickeln, das oft nur dazu dient, die eigenen Minderwertigkeitsgefühle zu verdecken.

Affirmation

Je tiefer ich nach innen schaue, umso weniger Grenzen existieren.

Centaury – Tausendgüldenkraut   Nr. 4

Man fühlt sich selbst schwach, nimmt seinen Körper und damit seine Grenzen nur unklar wahr. Das führt zu Nachgiebigkeit bis hin zur Unterwürfigkeit und zu der Bereitschaft, die eigenen Wünsche zurückzustellen.

Schlüsselfragen
- Fällt es Ihnen schwer, Nein zu sagen?
- Tun Sie aus Mitleid heraus zu viel für andere?
- Versetzen Sie sich zu schnell in andere, und sehen Sie die Probleme nur noch aus deren Sicht?

Ihr Lernziel
Die Blüte Centaury soll Ihnen helfen, mit dem Gefühl Ihres Eigenwerts besser in Kontakt zu kommen. Erst wenn Sie sich selbst so annehmen, wie Sie sind, und sich nicht nur aufgrund dessen, was Sie leisten, akzeptieren, können Sie diese Einstellung auch anderen gegenüber vertreten. Sie sollen lernen, sich selbst besser wahrzunehmen, um herauszufinden, wann Sie im Kontakt mit anderen die Beziehung zu sich selbst verlieren, wann Sie Ja statt Nein sagen, weil Sie sich so mit den Wünschen anderer identifiziert haben, dass Sie Ihre eigenen Bedürfnisse nicht mehr spüren. Sie sollen lernen, die Reaktion der anderen auf Ihr Nein besser aushalten zu können.

Affirmation
Ich bin mir meines Wertes bewusst und gehe meinen Weg

Cerato – Bleiwurz   Nr. 5

Man hat starke Zweifel an den eigenen Fähigkeiten und an der Richtigkeit seiner Entscheidungen, sucht immer nach Entscheidungshilfen, fragt andere ständig um Rat. Man imitiert, statt dem eigenen Impuls zu folgen.

Schlüsselfragen

- Treffen Sie Entscheidungen ungern alleine?
- Suchen Sie ständig Entscheidungshilfen, z. B. bei Hellsehern, Astrologen usw.?
- Fragen Sie oft andere um Rat?
- Sehen Sie selten Ihre Fähigkeiten?

Ihr Lernziel

Sie sollen lernen, Entscheidungssituationen als wichtige Reifungsschritte anzusehen. Dafür ist es zum einen wichtig, die notwendigen Informationen zu sammeln, um die richtige Entscheidung zu treffen. Zum anderen sollten Sie sich zurückziehen, um die Eindrücke zu verarbeiten und mit Ihrer inneren Weisheit in Kontakt zu kommen. Das kann bedeuten, dass man nicht die bewährten Wege gehen kann, auch wenn damit ein Risiko verbunden ist. Aber eine Entscheidung, die auf diese Weise getroffen wird, hält auch der Kritik anderer stand.

Affirmation

In Kontakt mit meiner inneren Weisheit bin ich fähig, jede Entscheidung selbst zu treffen.

Cherry Plum – Kirschpflaume   Nr. 6

Man steht unter starker innerer Anspannung, hat Angst, verrückt zu werden, befürchtet, sich oder anderen etwas antun zu können. Panik- und Terrorgefühle führen zur alles umfassenden Angst, die Kontrolle über sich selbst und sein Leben zu verlieren.

Schlüsselfragen

- Haben Sie öfter Angst, die Kontrolle über sich selbst zu verlieren?
- Spielt Ihr Nervensystem öfter verrückt, so dass Sie Angst haben »durchzudrehen«?
- Haben Sie manchmal oder öfter Angst vor Ihrer eigenen Aggression?
- Haben Sie öfter das Gefühl, vor Anspannung und Wut zu platzen?

Ihr Lernziel

Diese Blüte hilft bei der Bewusstwerdung von Emotionen wie Wut und Aggressionen. Aber auch Gefühle von Ohnmacht und Hilflosigkeit können deutlicher gespürt werden. Erst wenn Sie diese inneren Spannungen ganz bewusst in sich wahrnehmen, können Sie diese Gefühle auch in der richtigen Weise und vor allem rechtzeitig zum Ausdruck bringen.

Affirmation

Ich spüre mich in meinem Körper und bin ganz bei mir.

Chestnut Bud – Kastanienknospe Nr. 7

Man macht immer die gleichen Fehler, weil man die Aufgabe nicht verstanden hat, kann seine Situation nicht annehmen, weil man sie nicht versteht; fühlt sich blockiert, baut Widerstand auf.

Schlüsselfragen

- Machen Sie oft die gleichen Fehler?
- Haben Sie Schwierigkeiten, zu erkennen, was Sie aus einer Situation lernen sollen?
- Leiden Sie unter starken Prüfungsängsten?
- Vergessen Sie sehr schnell, was Sie in eine missliche Lage gebracht hat?

Ihr Lernziel

Um eine Situation, einen Fehler wirklich zu verarbeiten, brauchen Sie Zeit, um zu erkennen, was z. B. zu einem Misserfolg geführt hat. Wenn Sie sich Fehler und Versäumnisse ehrlich eingestehen, ohne ins Grübeln zu kommen und in Selbstvorwürfe zu verfallen, werden Sie erkennen, dass in jeder Situation eine Lernaufgabe liegt. Sie werden dann diese Fehler nicht wiederholen, weil Sie ihre Botschaft verarbeitet und verstanden haben und sozusagen gewarnt sind.

Affirmation

Ich bin fähig, Informationen und aufgenommenes Wissen in eigene Erkenntnisse umzuwandeln.

Chicory – Wegwarte Nr. 8

Man ist sehr besorgt um das Wohl seiner Lieben, sieht aber dabei nicht den besitzergreifenden Anteil, den diese übermächtige Sorge mitbringt. Man hat hohe Erwartungen an andere, vor allem, wenn man sie mit Fürsorge umgibt, sich für sie aufopfert.

Schlüsselfragen
- Sind Sie oft enttäuscht, dass Ihre Liebe und Fürsorge nicht anerkannt werden?
- Haben Sie das Gefühl, viel für andere zu tun und nichts zurückzubekommen?
- Glauben Sie, oft besser zu wissen, was für die anderen gut ist?

Ihr Lernziel
Die Blüte Chicory wird Ihnen dabei helfen, sich ehrlicher mit den eigenen Motiven für die Hilfsbereitschaft und Liebe, die Sie anderen geben, auseinanderzusetzen. Sie können lernen, Liebe zu geben, ohne Gegenleistungen zu erwarten. Sie werden auch immer mehr loslassen können und akzeptieren, dass jeder Mensch seinen eigenen Lebensplan hat und seine eigenen Erfahrungen machen muss.

Affirmation
Ich lasse los. Indem ich loslasse, spüre ich meine wirkliche Kraft.

Clematis – Gemeine Waldrebe   Nr. 9

Man neigt zu Tagträumen, zeigt wenig Interesse an der Gegenwart, hat kaum Realitätsbezug und scheut deshalb davor zurück, sich dem Leben zu stellen.

Schlüsselfragen

- Wissen Sie manchmal nicht, wie Sie von einem Ort zum anderen gekommen sind?
- Haben Sie oft das Gefühl, als wären Sie in Watte gepackt?
- Verlieren Sie sich oft in Tagträumen?
- Schieben Sie Arbeiten gerne weg, weil Sie sich nicht aus Ihrer inneren Traumwelt lösen können?

Ihr Lernziel

Je mehr Interesse Sie für Ihr Leben, aber auch für die Mitmenschen, Pflanzen und Tiere entwickeln, umso leichter fällt es Ihnen, Eigenverantwortung zu übernehmen. Dazu gehört, dass Sie Ihrem Leben mehr Struktur geben, z. B., indem Sie zu regelmäßigen Zeiten essen, schlafen oder bestimmte Übungen machen. So können Sie erfahren, dass es möglich ist, in »allen Welten« zu leben. Sie können dann Tagträume benutzen, um konkrete Lebenssituationen besser zu meistern, aber ohne sich wie früher in diesen Fantasien zu verlieren.

Affirmation

Ich bin geerdet. Ich akzeptiere die innere und äußere Ordnung.

Crab Apple – Holzapfel   Nr. 10

Man fühlt sich extrem abhängig vom äußeren Erscheinungsbild, hat ein übersteigertes Sauberkeits-, Ordnungs- und Kontrollbedürfnis.

Schlüsselfragen
- Haben Sie häufig das Gefühl, sich reinigen oder fasten zu müssen?
- Sind Sie sehr perfektionistisch?

Ihr Lernziel
Wenn Sie mit sich selbst liebevoller umgehen, gelingt Ihnen das auch mit anderen Menschen, die Ihnen lieb und teuer sind, besser. Sie werden dann auch schnell erkennen, dass zwanghafte Ordnungsprinzipien oft nur innere Unruhe, Unsicherheit oder mangelnde Selbstachtung verdecken sollen.

Affirmation
Ich bin umgeben von einer Hülle aus Licht.

INFO

ORDNUNG ERWÜNSCHT

Crab Apple wird als die »Reinigungsblüte« verstanden. Wir bringen sie in Verbindung mit klarer Struktur, auch Perfektion und Unversehrtheit.

Elm – Ulme   Nr. 11

Man leidet unter vorübergehendem Überforderungsgefühl, unter Zweifeln, anstehende Aufgaben erfüllen zu können. Es treten Selbstzweifel, Verzagtheit und Mutlosigkeit auf.

Schlüsselfragen

- Haben Sie manchmal das Gefühl, Aufgaben nicht bewältigen zu können?
- Haben Sie z. B. vor entscheidenden Momenten im Leben, wie Prüfungen oder wichtigen Gesprächen, starke Versagensängste?
- Fühlen Sie sich häufig vom Leben überfordert?

Ihr Lernziel

Die Blüte Elm wird Ihnen dabei helfen, Aufgaben zu bewältigen, die Ihnen vielleicht zunächst unlösbar scheinen. Es wird Ihnen leichter fallen, Vertrauen in die eigene Leistungsfähigkeit zu bekommen, wenn Sie sich ähnliche Situationen vor Augen führen, in denen Sie Ihre Aufgabe gut bewältigt haben. Gleichzeitig werden Sie aber immer mehr erkennen, dass Sie übermäßige Forderungen abwehren müssen, um bestehen zu können und Ihrer Persönlichkeit gemäß zu leben.

Affirmation

Für jede Aufgabe bekomme ich auch die nötige Kraft und Energie.

Gentian – Enzian   Nr. 12

Man leidet unter negativer Erwartungshaltung und unter sich selbst erfüllenden negativen Prophezeiungen. Jede Herausforderung wird zunächst unter ihrem negativen Aspekt gesehen. Auch leichte Aufgaben werden mit Sorge betrachtet.

Schlüsselfragen
- Sehen Sie immer nur das halb leere anstatt das halb volle Glas?
- Nehmen Sie immer zuerst an, dass eine Sache schiefgehen könnte?
- Sehen Sie die Probleme, bevor Sie die Chancen erkennen?

Ihr Lernziel
Die Blüte Gentian wird Ihnen helfen, die positive Seite einer Situation zu sehen und zu erkennen, dass Gedanken kraftvoll wirken können. Indem Sie pessimistische mit optimistischen Gedanken tauschen, beeinflussen Sie auch die reale Situation und meistern selbst schwierigste Herausforderungen mit einer Art Leichtigkeit und voller Mut. Zunehmend kommt Sicherheit in Ihr Denken, und die alles umfassende Sorge, es »eh nicht zu schaffen« verschwindet.

Affirmation
Die Geborgenheit in dieser Welt gibt mir Urvertrauen.

Gorse – Stechginster   Nr. 13

Hoffnungslosigkeit und Verlassenheitsgefühle herrschen vor, man steckt in einer Krise. Man wünscht sich zwar Hilfe, kann sie aber nicht wirklich annehmen, weil man glaubt, dass einem sowieso niemand helfen kann.

Schlüsselfragen

- Können Sie Hilfe schwer annehmen, obwohl Sie anderen signalisieren, dass Sie Hilfe brauchen?
- Fühlen Sie sich öfter »von Gott und der Welt verlassen«?
- Haben Sie das Gefühl, in einer Krise zu stecken, bei der es kein Vor und kein Zurück gibt?

Ihr Lernziel

Mithilfe der Blüte Gorse können Sie erfahren, dass Sie Hilfe bekommen, wenn Sie darum bitten. Sie werden aber auch erkennen, dass Sie bereit sein müssen, diese Hilfe wirklich anzunehmen.

Affirmation

Jede Hilfe, um die ich bitte, wird mir gegeben.

Heather – Schottisches Heidekraut   Nr. 14

Man leidet unter Einsamkeitsgefühlen, möchte gehört und gesehen werden, hat ein übersteigertes Mitteilungsbedürfnis. Man fühlt sich von seinen Mitmenschen meist ungeliebt, will dieses verletzende Gefühl aber nicht wirklich zulassen.

Schlüsselfragen

- Fühlen Sie sich in vielen Momenten unbeachtet und ungeliebt?
- Haben Sie das Gefühl, Hilfe zu brauchen und sie nicht zu bekommen?
- Haben Sie öfter das Gefühl, dass Ihnen keiner richtig zuhört?

Ihr Lernziel

Das, was Sie sich am meisten wünschen, nämlich eine erfüllende Gemeinschaft mit anderen, gute zwischenmenschliche Beziehungen und Liebe, bekommen Sie nur dann, wenn Sie sich selbst mehr annehmen und lieben können, und sich weniger als bedürftig empfinden und verhalten. So finden Sie mithilfe der Blüte Heather zu einer größeren Ausgeglichenheit zwischen Nähe und Distanz.

Affirmation

Alles, was ich zum Leben brauche, finde ich ganz allein in mir selbst.

Holly – Stechpalme   Nr. 15

Man schaut mehr auf andere, als sich seiner eigenen Fähigkeiten und Begabungen bewusst zu werden, das führt zu Gefühlen von Neid und Eifersucht, Missgunst oder sogar zu Hassgefühlen. Die positiven Seiten von Mitmenschen werden übermächtig, die eigenen Schwächen ebenso.

Schlüsselfragen

- Empfinden Sie versteckten Neid anderen gegenüber?
- Sprechen Sie schlecht über andere, auch unter dem Deckmantel des Mitgefühls?
- Sind Sie eifersüchtig?

Ihr Lernziel

Holly, die Blüte der Stechpalme, soll Ihnen helfen, die universelle Liebe zu entwickeln. Diese Liebe lässt Sie erkennen, dass alle Menschen miteinander verbunden sind und dass es darum geht, dass jeder seine eigene Individualität lebt und so ein wichtiges Mitglied der Gemeinschaft wird. So kann man sich auch freuen an den Erfolgen anderer, ohne sich dabei selbst abzuwerten. Die Zweige dieser Pflanze nennt man oft die Weihnachtsblüte und sieht sie als Symbol der Geburt des Göttlichen in uns, die unser Herz öffnet und uns die Liebe lehrt.

Affirmation

Ich erkenne die Einheit in der ganzen Schöpfung.

Honeysuckle – Geißblatt   Nr. 16

Man hat Sehnsucht nach Vergangenem, kann sich von Verlust- und Trauergefühlen nur sehr schwer lösen. Es fehlt die Offenheit für neue Erfahrungen, die das Leben reich machen.

Schlüsselfragen

- Trauern Sie Menschen oder Ereignissen auch nach Jahren noch nach?
- Können Sie sich schlecht in eine neue Situation einfügen, weil Sie immer »an die guten alten Zeiten« denken?
- Fällt Ihnen das Loslassen schwer?

Ihr Lernziel

Die sich ständig wandelnden Lebensumstände erfordern immer neue Abschiede. Nur wenn Sie Abschied von Vergangenem nehmen, können Sie sich wirklich offen in eine neue Situation begeben. Mithilfe der Blüte Honeysuckle können Sie sich besser lösen. Sie ist eine wichtige Hilfe in jedem Trauerprozess. Erst dann können Sie mutige neue Schritte tun, können das Leben als einen ständigen Fluss von Erfahrungen sehen und verstehen, dass nur der Wandel den Menschen lebendig erhält.

Affirmation

Jeder Atemzug, jeder Moment meines Lebens ist ein neuer Anfang.

Hornbeam – Hainbuche   Nr. 17

Man leidet unter geistiger Erschöpfung und dem Gefühl der Überforderung. Man fühlt einen Verlust der Lebendigkeit.

Schlüsselfragen

- Haben Sie beim Aufwachen schon das Gefühl, dass die ganze Welt über Sie hereinstürzt?
- Versuchen Sie, Ihre Probleme hauptsächlich im Kopf zu lösen?
- Kommen Sie nicht mehr zum Atemholen, weil Sie sich ständig mit neuen Problemen konfrontiert sehen?

Ihr Lernziel

Lernen Sie, geistige Ruhepausen als notwendig zu erkennen, um den Kopf immer wieder zu entlasten. So können Sie einerseits anstehende Aufgaben ruhiger planen, andererseits Kräfte sammeln, um diesen Anforderungen kreativ zu begegnen. Mithilfe von Hornbeam können Sie geistige Blockaden und negative Muster in Ihrem Kopf auflösen, ruhiger werden, ohne an Schaffenskraft und Energie zu verlieren. So erkennen Sie die Notwendigkeit, zur Entlastung des Intellekts einen Ausgleich auf emotionaler oder körperlicher Ebene zu finden.

Affirmation

Mein Geist ist ruhig und klar – gelassen sehe ich das, was auf mich zukommt.

Impatiens – Drüsentragendes Springkraut
Nr. 18

Menschen, die Impatiens brauchen, sind gekennzeichnet durch Schnelligkeit im Denken und Handeln. Diesen Maßstab legen sie auch an andere an, sind deshalb schnell ungeduldig mit anderen und mit sich selbst, haben wenig Verständnis für das Tempo anderer Menschen.

Schlüsselfragen
- Machen Sie lieber alles selbst?
- Haben Sie auf die meisten Fragen vorschnelle Antworten?
- Setzen Sie sich manchmal durch Ihre Ungeduld selbst unter Druck?
- Können Sie schwer warten?

Ihr Lernziel
Mithilfe der Blüte Impatiens gelingt es Ihnen besser, Ihre eigene Arbeitsweise und Ihr eigenes Tempo zu beobachten, und es – wenn es nötig sein sollte – zugunsten der Genauigkeit und Tiefe etwas zu verlangsamen. In jedem Fall können Sie liebevoller mit anderen umgehen und deren eigenes Tempo respektieren. Sie werden dadurch weniger nervös, angespannt und gereizt sein.

Affirmation
Ich bin achtsam und stärke meine Wahrnehmung.

Larch – Lärche   Nr. 19

Man hat wenig Selbstvertrauen bis hin zu Minderwertigkeitsgefühlen, man rechnet ständig mit Misserfolgen und hat gleichzeitig einen hohen Ehrgeiz und möchte große Ziele anstreben.

Schlüsselfragen

- Neigen Sie dazu, sich abzuwerten?
- Glauben Sie, andere können alles besser?
- Haben Sie das Gefühl, Ihren Mitmenschen gegenüber unterlegen zu sein?
- Fällt es Ihnen schwer, Ihre eigenen Begabungen zu erkennen?

Ihr Lernziel

Die Blüte Larch stärkt das Vertrauen in Ihre eigenen Fähigkeiten. Sie lernen, die Angebote des Lebens mutiger anzunehmen, sich mehr zuzutrauen und auch in den schwierigsten Situationen dieses Selbstvertrauen nicht zu verlieren. Das bedeutet auch eine Verbesserung Ihrer Partnerschaften, denn es geht um ein gleichberechtigtes Miteinander in der Beziehung. Selbstvertrauen und Selbstachtung sind die Basis für ein glückliches, zufriedenes Leben.

Affirmation

Mein inneres Selbst ist in seinem Kern göttlich und unbegrenzt.

Mimulus – Gefleckte Gauklerblume Nr. 20

Man leidet unter vielen kleinen Ängsten (Angst, die Arbeit nicht zu schaffen, den Zug zu verpassen, Geld zu verlieren, Angst vor Mäusen oder Spinnen usw.), scheut sich vor Herausforderungen. Man erlebt unzählige, konkrete, kleine und große Ängste, auch geheime Ängste, die nicht gezeigt werden.

Schlüsselfragen
- Sind Sie in alltäglichen Lebenssituationen sehr ängstlich?
- Haben Sie Angst vor bestimmten Situationen, die im Leben auftauchen können?
- Leiden Sie unter geheimen Ängsten, die andere nicht bemerken sollen?

Ihr Lernziel
Mithilfe der Blüte Mimulus gelingt es Ihnen leichter, gesunde Vorsicht von dauernder Ängstlichkeit zu unterscheiden und die eigenen Grenzen auszuloten. Man erkennt, dass die meisten Ängste nur durch die Vorstellung erzeugt werden, kann entspannter und humorvoller damit umgehen. So werden Sie insgesamt stabiler, da Ängste grundsätzlich anfälliger machen auch für körperliche Störungen.

Affirmation
Ich bin mutig und vertrauensvoll.

Mustard – Wilder Senf   Nr. 21

Man leidet unter schwermütigen Gefühlen, meint, in diesem Leben immer eine schwere Last mitzutragen. Manchmal kommen diese Verstimmungen wie aus heiterem Himmel und führen zu Müdigkeit, Schwere und Lustlosigkeit.

Schlüsselfragen

- Werden sie öfter völlig grundlos von einer tiefen Traurigkeit befallen?
- Fühlen Sie sich öfter wie gelähmt durch eine Art Schwermut?
- Haben Sie das Gefühl, dass Sie in Ihrem Leben immer wieder schwere Lasten aufgebürdet bekommen?

Ihr Lernziel

Mithilfe von Mustard können Sie lernen, dem Auf und Ab des Lebens zu vertrauen. So werden Sie dunkle Wolken am Himmel nicht mehr so schwernehmen, sondern darauf vertrauen, dass sie wieder von der Sonne abgelöst werden. Ihr Blick wird sich dadurch mehr auch auf die sonnigen Seiten Ihres eigenen Lebens richten, Lasten gehören dazu, aber machen nicht alles aus.

Affirmation

Ich überlasse mich dem Atem, dem Ein- und Ausatmen, dem Aufnehmen und Loslassen – und vertraue dem Rhythmus des Lebens.

Oak – Eiche Nr. 22

Man neigt dazu, ständig über die eigenen Grenzen zu gehen, gönnt sich wenig Erholungsphasen, überschätzt die eigenen Kräfte bis zur totalen Erschöpfung. Dabei stellt man hohe Anforderungen an sich selbst und sein Lebenskonzept.

Schlüsselfragen
- Haben Sie ein ausgeprägtes Pflichtbewusstsein?
- Gönnen Sie sich wenige Ruhepausen und Entspannungsphasen?
- Denken Sie oft, alles allein und sogleich erledigen zu müssen?

Ihr Lernziel
Gäbe es mehr Oak-betonte Menschen, sähe die Welt besser aus, meinte E. Bach. Dennoch gehört zu dem Pflichtbewusstsein und der Verlässlichkeit, die den Oak-Menschen auszeichnet, auch ein großes Maß an Selbstverantwortung. Nur wenn Sie sich Erholungsphasen gönnen und sich von Ihrem übertriebenen Leistungsethos etwas lösen, können Sie zu einem wirklich guten Beispiel auch für andere werden. Mithilfe von Oak können Sie Ihre Grenzen klarer erkennen und geraten nicht immer wieder in die Situation totaler Überforderung.

Affirmation
Ich bin für mich verantwortlich.

Olive – Olive Nr. 23

Man ist körperlich und seelisch völlig erschöpft, die Energiereserven scheinen aufgebraucht.

Schlüsselfragen
- Fühlen Sie sich öfter völlig ausgelaugt?
- Fühlen Sie sich besonders nach intensivem Kontakt mit anderen Menschen erschöpft?
- Haben Sie das Gefühl, sich überhaupt nicht mehr regenerieren zu können?

Ihr Lernziel
Diese Blütenessenz fördert die Erholung nach großen körperlichen und seelischen Belastungen. Sie füllt – besonders wenn Sie z. B. therapeutisch arbeiten – die Energiereserven wieder auf und bringt Ihre Lebenskraft wieder in Fluss. Mithilfe der Blüte Olive können Sie lernen, Ihre Grenzen besser zu erkennen und sich zu schützen.

Affirmation
Ich lade mich auf mit Energie und Kraft.

> **TIPP**
>
> *Leerer Akku*
> *Wenn Sie sich ausgelaugt fühlen, können auch Meditations- und Entspannungstechniken helfen, neue Kraft zu tanken.*

Pine – Schottische Kiefer   Nr. 24

Man leidet unter Schuldgefühlen, die man sich selbst macht oder die einem von anderen aufgeladen werden. Selbstvorwürfe führen zu einer Abwertung der eigenen Person, man fühlt sich als Versager und wird so noch mehr zum Sündenbock gemacht.

Schlüsselfragen
- Leiden Sie immer wieder unter massiven Schuldgefühlen?
- Möchten Sie es gerne den anderen recht machen, damit Sie geliebt und nicht abgewiesen oder bestraft werden?
- Machen Sie sich häufig Selbstvorwürfe?

Ihr Lernziel
Schuldgefühle können aus hohen Ansprüchen an sich selbst kommen, denen man nicht genügen kann. Ein anderer Grund kann sein, dass man glaubt, grundsätzlich kein Recht auf Glück zu haben. Wo auch immer die Ursache liegt, die Blüte Pine hilft Ihnen dabei, sich von ungerechtfertigten Schuldgefühlen zu lösen. Indem Sie sich selbst verzeihen, können Sie auch anderen besser verzeihen.

Affirmation
Ich verzeihe mir meine Fehler, auch sie dienen meiner Entwicklung.

Red Chestnut – Rote Kastanie   Nr. 25

Man sorgt sich so sehr um andere, dass man vergisst, die eigene Befindlichkeit, die eigenen Gefühle und Bedürfnisse zu spüren. Man glaubt, für andere verantwortlich zu sein, und kann sich nur ungenügend abgrenzen.

Schlüsselfragen

- Machen Sie sich sehr viele Sorgen um andere und vergessen sich dabei?
- Haben Sie das Gefühl, übermäßig für das Wohl anderer verantwortlich zu sein?
- Denken Sie wenig an sich und Ihre ganz persönlichen Bedürfnisse?

Ihr Lernziel

Wenn Sie sich in der Sorge um andere verlieren, überhören Sie Ihre eigenen Bedürfnisse. Durch Red Chestnut können Sie lernen, dass Sie einem anderen Menschen manchmal besser helfen können, wenn Sie gut für sich selbst sorgen. Erst wenn Sie selbst vertrauensvoll sind, können Sie andere ermutigen, den eigenen Weg zu gehen. Jeder Mensch hat seine eigene Führung und seinen eigenen Schutz.

Affirmation

Mein Vertrauen und meine Liebe sind der beste Schutz für meine Mitmenschen.

Rock Rose – Sonnenröschen   Nr. 26

Man hat panikartige Ängste, reagiert hysterisch, man neigt zum Dramatisieren. Solche Verhaltensweisen treten z. B. oft in oder nach Schocksituationen auf und zeigen, dass das Erlebte nicht verarbeitet wurde.

Schlüsselfragen
- Neigen Sie zu Panikreaktionen?
- Neigen Sie dazu, sich in etwas hineinzusteigern?
- Versetzt Sie schon der Gedanke an bestimmte Situationen in Panik?

Ihr Lernziel
Mithilfe der Blüte Rock Rose können Sie in Krisensituationen gelassener bleiben, in Notfällen Ruhe bewahren und das Richtige tun, anstatt sich in Ihren Ängsten und Panikreaktionen zu verlieren.

Affirmation
Ich bin ruhig und voll Vertrauen.

> **TIPP**
>
> *Wenn die Panik kommt ...*
> *Wenn Sie unter immer wieder auftretenden Panikattacken leiden, die Ihre Lebensfreude massiv beeinflussen und Ihnen die Kraft rauben, Ihren Alltag zu bewältigen, ist es dringend angezeigt, therapeutische Hilfe zu suchen.*

Rock Water – Quellwasser Nr. 27

Man hat starre Prinzipien und ein großes Maß an Selbstdisziplin, hält sich an selbst gesetzte Normen, auch wenn man spürt, dass es einem nicht unbedingt guttut. So werden Lebensfreude und Spontaneität sehr getrübt.

Schlüsselfragen

- Haben Sie strenge Prinzipien, denen Sie im Zweifelsfall Ihre Lebensfreude unterordnen?
- Unterdrücken Sie Ihre Bedürfnisse aufgrund zu strenger Moralvorstellungen oder aufgrund zu hoher Anforderungen an sich?
- Fühlen Sie sich oft abgeschnitten von der Lebensfreude und sehen nur noch Pflichten?

Ihr Lernziel

Innere Lebendigkeit und Lebensfreude müssen Disziplin nicht ausschließen – das ist das Lernthema dieser Blüte. Ziele können auch erreicht werden, wenn man sich Pausen gönnt und sich selbst gegenüber auch mal nachgiebig sein kann. Außerdem können Sie durch die Einnahme der Blüte leichter erkennen, wann Sie diese starren Prinzipien nur dazu einsetzen, um von anderen bewundert zu werden.

Affirmation

Lebensfreude ist die größte Quelle für Gesundheit und Glück.

Scleranthus – Einjähriger Knäuel Nr. 28

Man leidet unter einer tief sitzenden Entscheidungsschwäche. Dieses Gefühl kann bis zu quälender innerer Zerrissenheit führen, die einen immer wieder von einer Seite zur anderen schwanken lässt, dabei will man auf keine der beiden Möglichkeiten einer Alternative verzichten.

Schlüsselfragen
- Können Sie sich schlecht für die eine oder andere Variante entscheiden?
- Fühlen Sie sich oft hin- und hergerissen zwischen mehreren Möglichkeiten?
- Sind Sie nur schwer fähig, schnelle Entscheidungen zu treffen?

Ihr Lernziel
Je weniger Sie sich von Ihren Emotionen bezüglich der einen oder anderen Seite einer Entscheidung beeinflussen lassen, umso leichter fällt es Ihnen, sich zu entscheiden. Mithilfe der Blüte Scleranthus stärken Sie Ihr Unterscheidungsvermögen, lernen Sie, eine Entscheidungssituation immer wieder aus der Distanz zu betrachten.

Affirmation
Egal wie ich entscheide, der Weg wird mich immer zu einer wichtigen Lebenserfahrung führen.

Star of Bethlehem – Doldiger Milchstern Nr. 29

Man hat einen Schock erlebt, den man noch nicht verkraftet hat. Das führt zu einem tief sitzenden Lähmungsgefühl, zu Trauer und Schmerz. Alte seelische Wunden reißen immer wieder auf und hindern einen daran, Freude am Leben zu empfinden.

Schlüsselfragen

- Hatten Sie z. B. schwere Operationen, oder glauben Sie, dass bei Ihnen selbst ein Geburtsschock vorliegt?
- Gibt es in Ihrem Leben Situationen, deren Erinnerung Sie noch heute erschüttert?
- Leiden Sie unter einem akuten Schockzustand, der Sie aus der Bahn wirft?

Ihr Lernziel

Schocksituationen greifen tief in unser Unterbewusstes ein. So wirken möglicherweise Schocksituationen aus den ersten Lebenstagen, womöglich sogar aus der Zeit im Mutterleib im ganzen Leben weiter. Die Blüte Star of Bethlehem hilft Ihnen, akute Schocksituationen und auch länger zurückliegende verdrängte Schockerfahrungen ins Bewusstsein zu integrieren und nach und nach aufzulösen.

Affirmation

Ich finde Trost im Glauben an das Unvergängliche.

Sweet Chestnut – Edelkastanie   Nr. 30

Man leidet unter tiefster Seelenqual, hat das Gefühl der inneren Dunkelheit, die nie mehr erhellt wird, leidet unter Depression und/oder tiefer Trauer.

Schlüsselfragen
- Haben Sie das Gefühl, nirgends Trost zu finden?
- Hat Sie aller Mut verlassen?
- Fühlen Sie sich wie an einem dunklen Ort, ohne jeden Hoffnungsschimmer?

Ihr Lernziel
In den tiefsten und dunkelsten Stunden des Lebens ist es meistens schwer, einen Menschen mit tröstenden Worten zu erreichen. Tiefste Einsamkeit umfängt die Seele. Sweet Chestnut erleichtert Ihnen das vertrauensvolle Öffnen im Gebet oder in der Meditation – und auch den Kontakt mit einem nahestehenden Menschen.

Affirmation
Die tiefste Nacht ist der Anbruch des neuen Tages.

> **TIPP**
>
> *Reden hilft*
> *Suchen Sie das Gespräch mit guten Freunden oder auch mit einem Therapeuten, der Sie in schweren Zeiten im Leben begleitet und neue Perspektiven aufzeigt.*

Vervain – Eisenkraut Nr. 31

Man versucht, eigene Überzeugungen und Vorstellungen auf andere zu übertragen, entwickelt missionarischen Eifer und hektische Überaktivität. Dabei will man den anderen mitreißen, wenn man glaubt, ihn auf einem falschen Weg zu sehen. Man ist versucht, andere stets zu etwas überreden zu wollen.

Schlüsselfragen

- Fühlen Sie sich oft durch Ihre übersteigerte Begeisterung erschöpft?
- Glauben Sie, andere Menschen missionieren zu müssen?
- Haben Sie das Gefühl, was Sie selbst für sich für gut und richtig halten, unbedingt an andere weitergeben zu müssen?

Ihr Lernziel

Mithilfe dieser Blüte lernen Sie, andere zu motivieren und ihnen dennoch die Freiheit zu lassen, Ihre Ideen gegebenenfalls auch abzulehnen und den gewählten eigenen Weg weiterzugehen. Sie verstricken sich weniger in Ihre Pläne und springen in der eigenen Unrast nicht von einem Projekt zum andern.

Affirmation

Ich bin mir treu und erlaube auch anderen, sich treu zu sein.

Vine – Wein   Nr. 32

Man spürt eine große Energie, weiß, dass man Führungsqualitäten hat, kann aber mit dem Dominanzanspruch nicht umgehen. So kann es dazu kommen, dass man die eigene Autorität missbraucht, unfaire Methoden wählt und Mitmenschen unterdrückt. Der eigene Wille wird anderen aufgezwungen.

Schlüsselfragen

- Möchten Sie um jeden Preis die Führungsrolle in einer Gruppe übernehmen?
- Sind Sie dominant und wollen Sie gern das letzte Wort haben?
- Erwarten Sie Unterordnung und eine Art »Gehorsam« von anderen?

Ihr Lernziel

Mithilfe der Blüte Vine können Sie lernen, Ihre positive Autorität für das Wohl der Menschen einzusetzen – aber sich über den Erfolg anderer ebenfalls zu freuen und nicht immer im Mittelpunkt stehen zu müssen. Mit Vine können Sie sich im richtigen Moment auch entspannen und loslassen und Ihrem Gegenüber Glück, Erfolg und den »ersten Platz« im Ring gönnen.

Affirmation

Ich stelle mich mit meinen Fähigkeiten in den Dienst der Menschheit.

Walnut – Walnuss Nr. 33

Man bleibt in einer Krise stecken, leidet unter mangelnder Durchhaltefähigkeit und kann den nötigen Neuanfang nicht machen. Man fühlt sich in seiner Lebenssituation gefangen und kann nicht ausbrechen.

Schlüsselfragen

- Lassen Sie sich von einem eingeschlagenen Weg leicht abbringen?
- Befinden Sie sich in einer Neuorientierung und haben Sie das Gefühl, auf diesem neuen Weg nicht richtig weiterzukommen?
- Zögern Sie, obwohl Sie genau wissen, was in diesem Moment zu tun wäre?

Ihr Lernziel

Die Fähigkeit zum Durchhalten, zum Durchbruch, zum Neubeginn ist die Lektion dieser Blüte. Dazu ist es nötig, sich selbst treu zu bleiben, sich von der Meinung anderer nicht zu schnell beeinflussen zu lassen, bzw. Widerstände nicht als willkommene Ausrede zum Aufgeben zu benutzen. Diese Blüte hilft Ihnen dabei, stark zu bleiben und den Weg zu gehen, den Sie ausgesucht haben.

Affirmation

Wie die Pflanze im Frühling durch das noch halb gefrorene Erdreich bricht, so bahne ich mir meinen Weg durch alle Widerstände.

Water Violet – Sumpfwasserfeder   Nr. 34

Man möchte immer Abstand zu anderen Menschen behalten und unabhängig bleiben. Keiner soll in einen hineinsehen können. Das kann bis zu seelischer Kälte und Isolation führen und zur Unfähigkeit, Nähe zu Mitmenschen auszuhalten.

Schlüsselfragen
- Fühlen Sie sich im Kreis Ihrer Mitmenschen als etwas Besonderes?
- Fällt es Ihnen schwer, Kontakte zu knüpfen, weil Sie glauben, dass es eigentlich kaum Menschen gibt, die Ihnen ebenbürtig sind?
- Fühlen Sie sich innerlich isoliert und häufig auch einsam?

Ihr Lernziel
Die Blüte Water Violet kann Ihnen helfen, sich weniger hinter Ihren eigenen Schutzmauern zu verbergen und weniger Stolz auszustrahlen. Was Sie gewinnen, sind Nähe, menschliche Wärme und das Gefühl, mit anderen verbunden zu sein. Je mehr positive Erfahrungen Sie machen, umso leichter wird es Ihnen fallen, Ihren eigenen Raum zu schützen und sich dennoch auch für andere zu öffnen.

Affirmation
Ich kann Nähe zulassen, ohne mich zu verlieren.

White Chestnut – Weiße Kastanie   Nr. 35

Man leidet unter unerwünschtem Gedankenzudrang, unter Konzentrationsstörungen, die Gedanken kreisen ständig um ein und dasselbe Problem.

Schlüsselfragen
- Fällt es Ihnen schwer, unangenehme Gedanken loszulassen?
- Haben Sie oft das Gefühl, dass Sie das Gedankenkarussell im eigenen Kopf nicht anhalten können?

Ihr Lernziel
Durch das Freiwerden von quälenden Gedanken können Sie wieder zu einer inneren Ordnung finden. Oft ist es notwendig, Konflikte zu bereinigen, unangenehme Gespräche zu führen, weggeschobene Arbeiten zu erledigen. Erst wenn Ruhe eingekehrt ist, können Sie sich wieder konzentrieren.

Affirmation
Ich bringe Ordnung in mein Leben, in meine Gedanken.

> **TIPP**
>
> *Für Klarheit sorgen*
> *Machen Sie reinen Tisch und suchen Sie das Gespräch mit Menschen, mit denen Sie Unangenehmes verbindet. Der »Gedankenberg« wird dadurch kleiner.*

Wild Oat – Waldtrespe   Nr. 36

Man erlebt starke Unzufriedenheit, weil man seine Lebensaufgabe nicht findet, ist sich unsicher über die eigenen Fähigkeiten und sucht nach einem Ziel.

Schlüsselfragen
- Sehen Sie keine Perspektive mehr?
- Fällt es Ihnen schwer, sich für einen Beruf oder eine Aufgabe zu entscheiden?

Ihr Lernziel
Diese Blütenessenz fördert das Erkennen der eigenen Lebensaufgabe. Sie soll Ihnen dabei helfen, mehr Klarheit über die eigenen Fähigkeiten und Begabungen zu bekommen und damit auch die richtigen Situationen und Menschen anzuziehen.

Affirmation
Ich vertraue meiner inneren Führung.

> **TIPP**
>
> *Entscheidungshilfen suchen*
>
> *Oftmals haben wir im Leben die große Qual der Wahl. Informieren Sie sich über erreichbare Ziele, sammeln Sie Fakten und grenzen Sie Ihre Möglichkeiten ehrlich ein. Unrealistische Träume werden so erkannt, und dadurch entsteht Freiraum für tatsächlich gangbare Wege.*

Wild Rose – Heckenrose   Nr. 37

Man leidet unter Trägheit und fehlender Motivation. Man spürt Teilnahmslosigkeit und ein mangelndes Interesse, etwas am eigenen Leben zu verbessern. Im Falle einer Krankheit fehlt der zur Heilung notwendige Wunsch, gesund zu werden.

Schlüsselfragen

- Haben Sie oft das Gefühl der Resignation und Lustlosigkeit?
- Fällt es Ihnen schwer, sich aufzuraffen und neue Wege zu gehen?
- Haben Sie wenig Kraft zur Veränderung, auch wenn das Bestehende nicht gut für Sie ist und an Ihrer Lebensfreude kratzt?

Ihr Lernziel

Die Blüte Wild Rose kann Ihnen helfen, aus einem Zustand der blockierten Lebensenergie wieder herauszufinden. Wichtig ist dabei auch, dass Sie erkennen, was immer wieder zu diesem Zustand der Lähmung in Ihrem Leben führt, und was Ihnen hilft, um das zu kämpfen, was Ihnen wichtig ist. Wild Rose hilft Ihnen, mutig und kraftvoll für Ihre Ziele einzutreten.

Affirmation

Ich bejahe das Leben und setze die in mir schlummernden Energien frei.

Willow – Weide   Nr. 38

Man leidet unter Selbstmitleid und innerem Groll, z. B. weil man den Blick immer wieder rückwärts wendet und Verletzungen nicht verzeihen kann, sich als Opfer eines grausamen Schicksals fühlt usw.

Schlüsselfragen
- Sind Sie oft verbittert und enttäuscht?
- Fühlen Sie sich als Opfer des Schicksals?
- Können Sie schwer verzeihen?
- Sind Sie nachtragend?

Ihr Lernziel
Mithilfe der Blüte Willow können Sie Ihren Anteil am Scheitern erkennen. So können Sie leichter sich und anderen verzeihen und sich mehr auf die Gegenwart konzentrieren.

Affirmation
Ich bin verantwortlich für mein Leben.

INFO

HEILMITTEL AUS DER NATUR

Einige Bachblüten werden über die hier beschriebenen Wirkungen hinaus auch in der Pflanzenheilkunde eingesetzt (z. B. Enzian oder Wegwarte).

Register

Abwehrkräfte 47
Alarmzeichen 47
Alkohol 18f., 24, 27, 29f., 50
Alter 24
Angst 22, 24f., 28ff., 34ff., 40, 43, 45ff., 51, 57f., 62, 76, 82
Apotheke 18, 20
Arzt 11, 48, 82
Aufbewahrung 18
Auswahl 17, 22

Babys 19
Bach, Edward 7f., 11ff., 16, 21, 28f., 33, 39f., 53, 78
Behandlung 9, 22, 29f., 34, 49
Beschwerden 22, 45, 47ff.
Blütenessenz 8f., 18, 20, 22, 79, 92
Blütengruppen 33f.
Blütenkonzentrate 18

Dosierung 18, 30

Eigenverantwortung 8, 65
Einnahme 18f., 48, 83

Gedanken 8, 12, 14, 37ff., 45, 47, 68, 91
Gefühle 8, 12, 14, 30, 39f., 48f., 62, 71, 77, 81
Gemütszustand 12, 14ff., 34, 47, 51, 55f.
Glas-Wasser-Methode 19
Globuli 19

Haltbarkeit 18
Haustier 30
Homöopathie 11
Hormonhaushalt 24, 52
Hyperaktivität 23

Internet 20

Kindheit 22
Krankheit 8ff., 16f., 20, 25, 27f., 35f., 40, 45ff., 53, 93

Mutlosigkeit 34, 41f., 67

Natur 7, 13, 94
Notfallsalbe 21
Notfalltropfen 10, 18ff., 30, 48f.

Pflanze 13, 71, 89
Pubertät 23
Rescue-Tropfen 18, 20

Schock 19, 47f., 85
Schwingung 13f., 53
Seele 9, 12, 14, 21, 28, 45, 52f., 86
Sonnenmethode 14
Stockbottle 11, 18ff.
Stress 48, 50
Symptom 9, 18f.

Ungeduld 40, 46, 74
Unsicherheit 17, 34, 36f.
Ursachen 8, 10, 38, 47, 49, 80

Vorratsflasche 11, 18, 20, 31

Literaturempfehlung

Röcker, Anna; Sirtoli, Raffaella:
Heilen mit Bachblüten – Das Kartenset, Mankau 2013

mankau
Bücher, die den Horizont erweitern

Anna Elisabeth Röcker & Raffaella Sirtoli
HEILEN MIT BACHBLÜTEN. DAS KARTENSET
15,95 € (D) I 16,40 € (A
ISBN 978-3-86374-099-3

Jede Krankheit beruht auf einem seelischen Ungleichgewicht. Den negativen Seelenzuständen, die Leiden und Beschwerden hervorrufen, ordnete Dr. Edward Bach 38 Blütenessenzen zu, die als positiver Gegenpol harmonisierend wirken und die Selbstheilungskräfte aktivieren.

Angelika Gräfin Wolffskeel von Reichenberg
DIE 12 SALZE DES LEBENS
Biochemie nach Dr. Schüßler. Ein Ratgeber für Erwachsene und Kinder

14,95 € (D) I 15,40 € (A)
ISBN 978-3-86374-086-3

„Ein Helfer in allen Lebenslagen: Angelika Gräfin Wolffskeel von Reichenberg erläutert allgemein die Mineralsalz-Therapie und gibt viele nützliche Tipps für Beschwerden von A bis Z, auch bei Kindern."

Für Sie, Extra Schüßler-Salze

Sven Sommer
SVEN SOMMERS HOMÖOPATHISCHE HAUS- UND REISEAPOTHEKE
Mit schulmedizinischen Tipps von Dr. med. Werner Dunau

9,99 € (D) I 10,30 € (A)
ISBN 978-3-86374-010-8

„Heilpraktiker Sommer legt einen praktikablen Homöopathie-Ratgeber für zu Hause und auf Reisen im Hosentaschenformat vor."

ekz-Bibliotheksservice

Prof. TCM (Univ. Yunnan) Li Wu & Jürgen Klitzner
HEILTEES FÜR KÖRPER, GEIST UND SEELE
304 wirksame Rezepturen aus den traditionellen Heilkulturen Chinas und Europas

17,95 € (D) I 18,50 € (A)
ISBN 978-3-86374-089-4

Der renommierte TCM-Arzt Li Wu und der Apotheker und Heilpflanzen-Experte Jürgen Klitzner gehen einen neuen Weg: Sie führen die beiden großen Traditionen des Heilens zusammen – die 5.000 Jahre alte chinesische Medizin und die fast 2.000 Jahre alten Kenntnisse aus der europäischen Kräuter- und Teebehandlung.

Unsere Bücher erhalten Sie bei Ihrem Buchhändler oder über unseren Internetladen:

www.mankau-versand.de

Ein Internetforum mit unseren Autoren, Leseproben, Veranstaltungstipps und Newsletter finden Sie auf:

www.mankau-verlag.de